DELIUS KLASING

Florian Haymann · Ulrich Stanciu

Alles übers Mountainbike

- Kaufberatung
- Technikübersicht
- Reparaturhilfe
- Fahrtechnik
- Tourentipps

Delius Klasing Verlag

➲ Einführung

Aus dem Trendsport Mountainbiken ist Ernst geworden. Das Bike ist der Motor der Fahrradbranche und hat nun bereits seine zweite Generation von Anhängern. Doch der Siegeszug ist nicht zu Ende.

SINGLETRAIL-SUCHT
Schon auf der Feierabendrunde ist der Biker suchtgefährdet. Je schmaler der Weg, desto besser. Auf zierlichen Pfaden erlebt man die Geschwindigkeit doppelt intensiv. Alle Sinne sind hellwach – Ausweichen ist nicht drin.

Mitte der 1990er-Jahre wurden die Biker noch als papageienbunte Trendsportler belächelt. Mittlerweile ist Mountainbiken ein beliebter Breitensport. Die besten Biker dürfen sogar um olympisches Gold fahren. Das Mountainbike ist zum Motor der gesamten Fahrradbranche geworden: Es hat zum Beispiel die Rennradhersteller aus einem jahrzehntelangen Dornröschenschlaf geweckt. Nun fahren Tour-de-France-Teams auf Rädern von Mountainbike-Marken, natürlich mit Bike-Technik.

Wie konnte ein Spezialrad fürs Gelände eine so steile Karriere hinlegen?

Weil es sich nicht nur im schroffen Terrain wohl fühlt. Die Allroundeigenschaften der 26-Zöller sind unschlagbar: Ob Alpenpass, Bikepark oder der Weg zur Post – Mountainbikes rollen durch jedes Terrain und sind meist als Erste im Ziel. Auch auf der Straße ist das Mountainbike nicht deplatziert: Mit seinen 27 Gängen und dem geringen Gewicht nimmt das Bike locker jede Steigung. Mountainbike-Bremsen haben einen neuen Sicherheitsstandard in der Fahrradtechnik vorgegeben – wichtig in der Stadt wie auf der Downhill-Piste. Dass die Offroad-Maschinen dabei auch noch besonders robust gebaut sind, dient nicht nur dem harten Einsatz im Gelände, sondern auch der Langlebigkeit.

Während zuvor jedes Fahrrad an die Straße gebunden war, ermöglichte das Mountainbike zum ersten Mal den Offroad-Trips in der unverbauten Natur – weg von Lärm, Abgasen, Gefahr und Stress, hin zum Naturerlebnis, zu frischer Luft, die Sinne ganz aufs Innere fokussiert. Viele Menschen entdeckten erst mit dem Mountainbike, welche unglaubliche Reichweite man auch ohne Auto erreichen kann. Marathons von über 80 Kilometern Länge haben oft Starterfelder von über 2000 Menschen.

Tausende Biker überqueren jeden Sommer die Alpen. Obwohl sie dabei mächtig Kalorien verbrennen, tanken sie dabei Energie fürs ganze Jahr. Denn der Erinnerungsspeicher ist nach einer Woche voller Bergpanoramen und Hüttenabenden proppenvoll.

Für viele Biker ist ihr Sport die ideale Kombination zweier Dinge: Natur und Technik. Erst schrauben, dann biken. Mit dem ersten Tritt in die Pedale draußen auf einem Feldweg wird der Kopf frei, Stress und Alltag verschwimmen – Radfahren als Zen-Buddhismus. Das Gefühl der großen Freiheit: Man kann überallhin fahren – zum Marathonrennen, über die Alpen oder zum Picknick im Wald. Das Bike bedeutet mehr als bloß Fortbewegungsmittel. Es ist Freiheitssymbol und Statement des Unpolitischen: »Macht doch was ihr wollt, ich geh' erst mal Rad fahren!«

Um den Bike-Spaß nun voll auskosten zu können, brauchen Sie neben ein wenig Kondition hauptsächlich Wissen: Fahrtechnik, Ausrüstung, Komponenten, Einsatzbereiche der verschiedenen Bike-Typen und Trainingstipps – mit unseren Informationen ersparen Sie sich eine Menge Lehrgeld und haben auf Anhieb hundert Prozent Fahrspaß.

Viel Spaß beim neuen Hobby wünschen
Florian Haymann und Ulrich Stanciu

GRUPPENERLEBNIS

Allein zu biken ist schön. Doch in der Gruppe entwickelt sich eine Dynamik, die jeden mitreißt. Und es entstehen Freundschaften, auf die man sich verlassen kann – bei Rahmen- und Gabelbruch.

ALPENGLÜCK

Tausende Biker überqueren jeden Sommer die Alpen. Obwohl sie dabei mächtig Kalorien verbrennen, tanken sie dabei Energie fürs ganze Jahr. Der Erinnerungsspeicher ist nach einer Woche voller Bergpanoramen und Hüttenabenden proppenvoll.

www.schwein.at
SLAYER

DIE WELT SEHEN
Das Bike ist der ideale Reisebegleiter: Kein anderes Sportgerät hat eine solche Reichweite, um den ausgetrampelten Touristenpfaden zu entfliehen. Wie hier auf Gran Canaria.

DIE GROSSE FREIHEIT

Mit dem ersten Tritt in die Pedale draußen auf einem Feldweg wird der Kopf frei, Stress und Alltag verschwimmen – Radfahren als Zen-Buddhismus. Das Gefühl der großen Freiheit: Man kann überallhin fahren.

➲ Kaufberatung

Der Bikeshop – Pilgerstätte für Technik-Freaks? Keine Sorge, wir verraten hier schon einmal, wie man im Fahrradladen den Überblick behält.

Ein Bikeshop wie viele: Eine bunte Mischung aus Rahmen, Teilen und Klamotten wartet auf Kaufwillige.

Das Mountainbike hat sich zum Sinnbild für extravagante Sportgeräte entwickelt. Nur wenige andere Funsportgeräte haben eine solch rasante Entwicklung in so kurzer Zeit durchlaufen: In den Anfangsjahren waren die Menschen begeistert, wenn man ihnen verriet, dass das Bike 18 Gänge hat. Heute sind 27 Schaltstufen der Standard. Vor zehn Jahren war eine gummigefederte Gabel kaum bezahlbar, heute stehen vollgefederte Bikes im Supermarkt. Und da sind wir schon beim Knackpunkt: Oftmals versprechen bunte Aufkleber und verheißungsvolle Anglizismen mehr, als der Dumpingpreis halten kann. Aber auch viel ausgegebenes Geld ist – bei der enormen Vielfalt am Markt – kein Garant für genussvolles Biken. So können Sie für 5000 Euro eine 20-Kilo-»Wuchtbrumme« im Motorrad-Look erstehen. Oder eben eine filigrane 10-Kilo-Bergmaschine. Mountainbiker sind ein buntes Volk. Ebenso vielfältig sind ihre Sportgeräte. Unser kleiner Einkaufsführer bewahrt Sie zuverlässig vor Fehlkäufen. Schritt für Schritt bringen wir Sie Ihrem Traumbike näher.

DIE PREISFRAGE

Durch das große Angebot ist unser Sport in den vergangenen Jahren erschwinglicher geworden. Dennoch gibt es einen Mindestpreis, den man investieren muss, um Spaß abseits der Straße zu haben. Ein ungefedertes Mountainbike, das Sie auch nach Jahren tapfer durchs Gelände trägt, kostet selten weniger als 600 Euro. Auch wenn jedes Frühjahr aufs Neue Bikes für 200 Euro in Super- und Baumärkten um Käufer buhlen: Hände weg! Selbst ein TÜV-Siegel ist kein Garant für lang währenden Geländespaß, denn eine TÜV-Prüfung speziell für Mountainbikes mit geländegerechten Belastungen existiert noch immer nicht.

Zeitschriften liefern wichtige Informationen.

Die Investition in ein hochwertiges Mountainbike lohnt in jedem Fall: Ein leichtes, robustes Mountainbike macht sich durch Langlebigkeit und vor allem durch dauerhaften Spaß bezahlt.

Soll das Bike, gleich einem Motorrad, vorne und hinten gefedert sein, erhöht sich der Einstiegspreis auf etwa 1000 Euro. Für Luxus-Bikes verlangen manche Hersteller bis

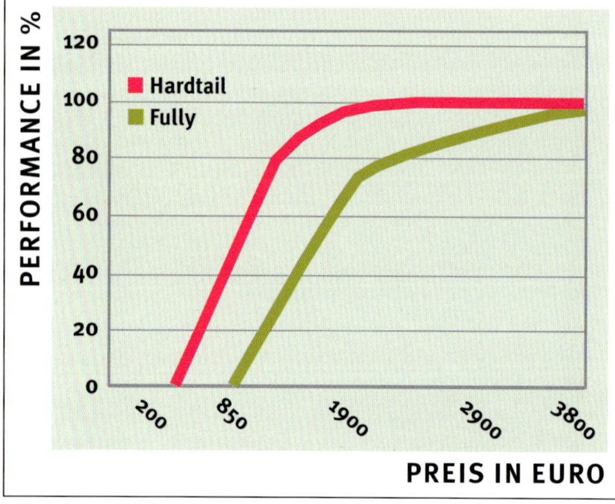

Wer mehr Geld für ein Mountainbike ausgibt, darf auch ein Plus an Leistung erwarten. Dieser Effekt nimmt mit zunehmendem Preis zu, doch ist der Leistungszuwachs nicht unbegrenzt. 6000 Euro und mehr kann man zahlen, erhält dafür aber kein schnelleres Bike. Preisbewusste greifen zur Mittelklasse: Für etwa 2000 Euro (Hardtail: etwa 1400 Euro) erhält man bei den meisten Herstellern Bikes, mit denen einen die Kumpels nicht abhängen werden. Danach steigt die Preis-Leistungs-Kurve nur noch gemächlich an.

zu 8000 Euro. Diese Preise mögen teilweise berechtigt sein – schließlich werden solche Edelräder in kleiner Stückzahl und aus exotischen Materialien wie Karbon und Titan gefertigt. Exklusivität und technische Spielereien sind im Preis inklusive. Wer Freude daran findet, darf hier also ruhig zulangen. Bessere Fahrleistungen liefern die Highendversionen allerdings selten: Ob ein Rahmen nun »made in USA« ist oder in Taiwan geschweißt wurde, konnte auch der sensibelste Testfahrer bislang noch nicht herausfiltern.

Für den rational denkenden Biker ist bei den meisten Herstellern bei 2500 Euro für ein ungefedertes und knapp 4000 Euro für ein gefedertes Bike das optimale Preis-Leistungs-Verhältnis erreicht.

FULLY ODER HARDTAIL?

Funsportarten werden auch deshalb oft belächelt, weil sie von exotischen Anglizismen strotzen. Wir versuchen auf den folgenden Seiten, solche zu meiden. Zwei Fremdwörter sind allerdings unausweichlich: Ein Mountainbike ohne gefedertes Hinterrad heißt Hardtail (übersetzt: starres Heck), ein vollgefedertes nennt man Fullsuspension-Bike (kurz: Fully).

Ein großer Vorteil des Hardtails liegt, wie wir schon gesehen haben, im Preis. Es ist technisch simpler herzustellen – der Rahmen braucht schließlich weder Gelenke noch ein Federbein. Daher wiegt ein Hardtail stets weniger als ein gleich teures Fully. Weiterer Vorteil: Es ist unkomplizierter, verlangt weder nach Spezialwerkzeug noch nach neuen Gelenken.

Der Nachteil: Ein starres Hinterrad leitet Schläge ungefiltert an die Bandscheiben weiter und bleibt an jeder Felskante (auch beim Hochfahren) hängen.

Das Fully lässt sich also effizienter im Gelände bewegen, kostet aber nahezu das Doppelte und wiegt mindestens ein Kilogramm mehr als das gleich teure Hardtail. Zum Kaufpreis muss man als Vielfahrer etwa 100 Euro für eine jährliche Inspektion der Heckfederung addieren.

Typische Hardtailfahrer sind: Rennfahrer, die weder an sich noch an ihrem Bike Übergewicht tolerieren; Tourenradler, die vor Defekten gefeit sein möchten; Vielfahrer, die die meisten Kilometer auf befestigten Wegen abspulen.
Wer besonders sicher oder schnell bergab fahren oder komfortabel unterwegs sein möchte, sollte überlegen, ob das Budget nicht doch ein Fully erlaubt.

Jetzt haben wir schon mal für mehr Überblick im Bikeshop gesorgt: Sobald Sie wissen, ob es ein Fully oder ein Hardtail werden soll, reduziert sich die Auswahl auf etwa die Hälfte.

Hardtail: Schlanke Silhouette und geringes Gewicht finden noch viele Anhänger.

Stets ein Kilo schwerer als ein Hardtail, dafür aber komfortabler: das vollgefederte Mountainbike.

DIE BIKE-KATEGORIEN

Ein Blick in den »Bike«-Testkeller offenbart eindrucksvoll die Vielfalt der Bike-Gattungen.

Am Anfang der Mountainbike-Evolution stand das Mountainbike – das Geländefahrrad. Dank der »Knubbelreifen« blieben die Zahnplomben bei herben Schlägen drin, und eine 18-Gang-Schaltung entschärfte auch extreme Steigungen. Alles, was durchs Gelände rollte, war eben »Mountainbike«. Mittlerweile sind über zwanzig Jahre vergangen, und viele Biker haben ausprobiert, was mit diesem Sportgerät alles möglich ist. Das Ergebnis der Feldversuche: eine starke Klasse an Allround-Bikes, aber auch etliche Spezialisten. Die wesentlichen Unterschiede liegen bei Gewicht und Federwegen.

Doch sehen Sie selbst:

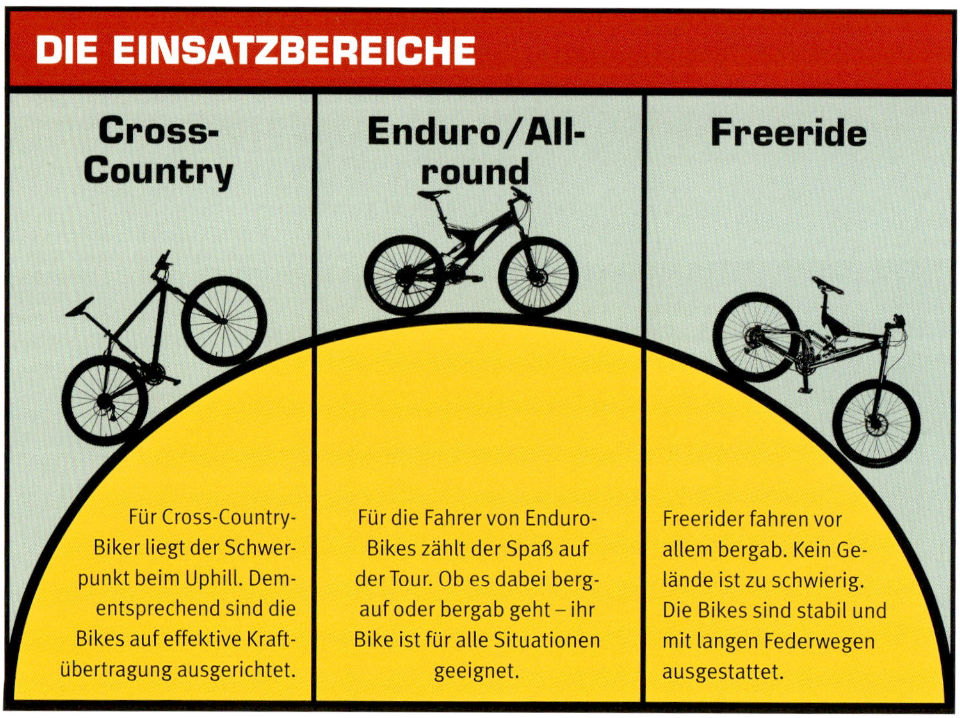

Die Grafik veranschaulicht die Einsatzbereiche der gebräuchlichsten Bike-Gattungen. Marathon-Bikes sind Abkömmlinge von Cross-Country-Bikes, Downhillbikes verschärfte Varianten von Freeridern.

Allround-/Touren-Bikes

Stärke: schlicht und universell

Unkompliziert und komfortabel: Das sind die herausragenden Merkmale dieser Bike-Kategorie. Ob Fully oder Hardtail, ist egal. Hauptsache, man sitzt nicht allzu gestreckt. Allrounder haben selten mehr als zwölf Zentimeter Federweg und wiegen im Idealfall auch zwölf Kilogramm. Weniger ist bei ordentlicher Stabilität nicht drin, schließlich sollen sie bis zu zwei Zentner Mensch standhalten. Allround-Bikes fühlen sich wohl in der Stadt, auf der Feierabendrunde und auf höhenmeterreichen, aber technisch nicht zu schwierigen Bergtouren. Also eigentlich überall. Ein Synonym für Allrounder, das vor allem englischsprachige Hersteller gerne verwenden: All-Mountain-Bikes.

TYPISCHE AUSSTATTUNG	
Rahmenmaterial	Aluminium
Federung	meist vollgefedert
Federweg VO/HI	10–13 cm
Gewicht	12–14 Kilo
Preislevel	600–4000 Euro

Fühlen sich wohl in der Stadt, auf der Feierabendrunde und auch in den Alpen: Tourenbikes sehr vielseitig.

Enduro/Vario-Bikes

Stärke: Vielseitigkeit

Diese Bike-Gattung versucht den größten Spagat: satter Federweg, dennoch geringes Gewicht und gute Klettereigenschaften. Der Trick, der das ermöglicht: verstellbare Federelemente. Wenn Sie also ein Bike für alles suchen, sollten Sie sich ein Enduro-Bike genauer anschauen. Damit können Sie sowohl auf ausgedehnte Alpentouren als auch an einen Marathonstart gehen. Auch in ruppigem Gelände bewahren die meist hochwertigen Federelemente Fassung. Mit diesem Rüstzeug sind Enduro-Bikes eigentlich genau das Richtige für jeden Biker. Ein bisschen muss man sich allerdings mit der meist aufwändigen Technik auseinander setzen. Wegen ihr sind Enduros meist etwas teurer.

TYPISCHE AUSSTATTUNG	
Rahmenmaterial	Aluminium
Federung	vollgefedert
Federweg VO/HI	13–15 cm
Gewicht	12–14 Kilo
Preislevel	ab ca. 1200 Euro

Wie ein Allrounder, nur mit etwas mehr Federweg: das Enduro-Bike.

CC-Race/Marathon

Stärke: Gewicht und Beschleunigung

Bei dieser Bike-Gattung lauten die Vorgaben: niedriges Gewicht und sportlich gestreckte Sitzposition. Lange waren Race und Marathon die Domäne der Hardtails. Doch seit die Fullies immer leichter geworden sind, setzen viele Rennfahrer auf Fullies. Um das Gewicht niedrig zu halten und das Wippen zu reduzieren, haben Race- und Marathonbikes zwischen 80 und 100 Millimeter Federweg. Racebikes sind auch bei Hobbybikern beliebt: Sie bieten ein unvergleichliches Beschleunigungsverhalten und machen optisch viel her. Racebikes loten die Grenzen des Leichtbaus aus und haben im Vergleich zu schwereren Bikes eine limitierte Lebensdauer (in den Garantiebedingungen zu finden).

TYPISCHE AUSSTATTUNG	
Rahmenmaterial	Aluminium/Karbon
Federung	front- oder vollgefedert
Federweg VO/HI	bis 10 cm
Gewicht	8–12 Kilo
Preislevel	1000–8000 Euro

Erste Wahl für alle, die schnell sein wollen: Racebikes. Viele Rennfahrer wie Karl Platt (oben) schwören auf Hardtails.

Freeride

Stärke: Komfort und Sicherheit

Das markanteste Merkmal dieser Bikes sind lange Federwege. Teils sind Doppelbrückengabeln montiert, die den Bikes das Aussehen von Motocross-Bikes verleihen. Trotzdem hatten die Entwickler dieser Bikes stets im Hinterkopf, dass man mit ihnen bergauf pedalieren kann. Bei manchen Freeridern kann das allerdings sehr schweißtreibend sein: Die aufrechte Sitzposition gibt ein sicheres Gefühl, behindert aber beim Hochfahren. Ideales Einsatzgebiet sind Bikeparks mit präparierten Pisten und Liften. Vorsicht: Bergab verliert man schnell das Gefühl für die Geschwindigkeit. Auf schmalen Wegen sollte man sehr vorausschauend fahren, um weder sich noch Fußgänger zu gefährden.

In Bikeparks sind Freerider am besten aufgehoben.

TYPISCHE AUSSTATTUNG

Rahmenmaterial	Aluminium
Federung	vollgefedert
Federweg VO/HI	15–24 cm
Gewicht	14–18 Kilo
Preislevel	1500–5000 Euro

Gerade noch tauglich für den Uphill: schwere Freerider.

DIE EXOTEN

Downhill

Diese Bikes sind kompromisslos für etwa drei Kilometer lange Abfahrtsrennen gebaut. Sie haben Federwege um die 20 Zentimeter und wiegen selten unter 20 Kilogramm. Bergauf fahren? Am besten im Lift. Ihr Einsatzgebiet, auch wegen ihres hohen Geschwindigkeitspotenzials: Bikeparks. Wegen geringer Stückzahlen sehr teuer.

Der massive Rahmen von Downhillbikes ist auf Stabilität und großen Federweg konstruiert.

TYPISCHE AUSSTATTUNG	
Rahmenmaterial	Aluminium
Federung	vollgefedert
Federweg VO/HI	17–24 cm
Gewicht	18–22 Kilo
Preislevel	3000–8000 Euro

Dirtjump

Wie BMX, aber mit 26-Zoll-Reifen: So lässt sich Dirtbiken am griffigsten umschreiben. Erst auf präparierten Strecken mit Sprunghügeln und Waschbrettern spielen Dirtbikes (meist Hardtails) ihre Stärke aus: agiles Handling und enorme Robustheit. Weil sie kompakt gebaut und schwer sind, machen Dirtbikes lange Distanzen zur Qual.
Preise: von etwa 800 bis 2000 Euro

Super für die junge Generation: handliche und preiswerte Dirtbikes.

TYPISCHE AUSSTATTUNG	
Rahmenmaterial	Aluminium/Stahl
Federung	frontgefedert
Federweg VO	8–13 cm
Gewicht	12–16 Kilo
Preislevel	ab ca. 600 Euro

DREIKLASSENGESELLSCHAFT

Wenn Sie jetzt noch eingrenzen, wie viel Sie ausgeben wollen, werden die Überredungskünste des Bike-Händlers an Ihnen abperlen wie Hagelkörner vom Ostfriesen-Nerz. Das können Sie für Ihr Geld erwarten:

Händler können nett sein. Lassen Sie sich aber nichts aufschwätzen: Setzen Sie vorher die Grenze.

Einsteiger

Preise bis 800 Euro (Fully bis 1400 Euro)

Ein Hardtail für 800 Euro kann eine wahre Freude sein: tolle Federgabel, stabiler Alurahmen, robuste Schaltkomponenten, vielleicht sogar Scheibenbremsen. Fehlgriffe kommen eher selten vor, denn in der Volksklasse möchte jeder Hersteller gut dastehen. Will man als Einsteiger sofort Fully fahren, muss man ein bisschen genauer hinschauen und zu Kompromissen bereit sein: Lieber auf hydraulische Scheibenbremsen als auf eine gute Federung verzichten. Das Fahrwerk verdient Ihre besondere Aufmerksamkeit und einen prüfenden Blick in Bike-Tests. Auch wenn das günstigste empfehlenswerte Fully 1000 Euro kostet, zahlt sich in dieser Preisklasse jeder Extra-Hunderter doppelt aus, denn hier wird hart kalkuliert und für 100 Euro mehr erhält man schon ein wesentlich besseres Bike.

Mittelklasse

Preise bis 1500 Euro (Fully bis 2500 Euro)

Ein 1500-Euro-Hardtail kann bereits eine echte »Rennfeile« sein, die sich im Fahrverhalten nur geringfügig von Profibikes unterscheidet. Ähnliches gilt für Fullies der Mittelklasse: Viele preisbewusste Marken stellen nahezu perfekte Freerider, Enduro- und Marathonbikes für weniger als 2500 Euro auf die Beine. In der unteren Mittelklasse gilt aber nach wie vor: Genau hinschauen und Tests zurate ziehen – ein Fully für 1400 Euro ist, auch wenn es dekadent klingt, knapp kalkuliert. Auch hier sollte das Augenmerk auf einem hochwertigen Fahrwerk liegen. Im Gegensatz zu allen übrigen Komponenten lässt es sich nicht so schnell ersetzen.

Luxus-Klasse

Preise über 1500 Euro (Fully über 2500 Euro)

Wer sich für eine »No-Nonsens«-Marke entscheidet, braucht die Schwelle zum Luxus nicht weit zu überschreiten, um das Feinste vom Feinsten zu bekommen: 3000 Euro fürs Fully, 2000 Euro für ein Hardtail der Spitzenklasse. Allerdings haben auch Bikes weit jenseits dieser Grenzen ihre Berechtigung. Teils sind sie in Optik und Federungstechnik der Konkurrenz ein Jahr voraus, oder ihre Entwickler experimentieren mit extravaganten Materialien und Fertigungsverfahren. Aufs Fahrverhalten wirkt sich dies nicht immer aus. Brandneue Technik kann sogar Nachteile haben. Nicht zu unterschätzen ist allerdings, dass vor allem langjährig etablierte Luxusmarken viel Geld in guten Service und fähige Händlernetze investieren.

GRÖSSENWAHL

Sieht nicht nur albern aus, stört auch den Kraftfluss: ein zu kleines Bike.

Viel trennt Sie nun nicht mehr von Ihrem Traumbike. Die Größe sollte aber stimmen. So steigt die Chance, mit dem Sportgerät eins zu werden.

Eines vorweg: Bei der Große Ihres neuen Bikes können Sie nicht viel verkehrt machen. Die große Auswahl hat man ohnehin selten, denn die meisten Hersteller beschränken sich auf fünf Standardgrößen. Die genaue Anpassung erfolgt über Sattelhöhe und Länge des Vorbaus. Im Shop stellen Sie schnell fest, ob ein MTB-Rahmen hoch genug ist: Nehmen Sie das Bike zwischen die Beine. Ist etwa eine Handbreit Platz, passt das Bike optimal (wenn es sich um einen konventionellen Rahmen mit geradem Oberrohr handelt).

Sind Sie gerne in schwierigem Gelände unterwegs, können Sie auch einen etwas kleineren Rahmen wählen. Nehmen Sie das größere Bike, wenn Sie lieber auf breiten Wegen, dafür aber zügig fahren.

Sie können bereits zu Hause schnell selbst ausrechnen, wie groß das Neue sein muss. Das ist vor allem dann sinnvoll, wenn Sie Ihr Bike beim Versandhandel bestellen möchten. Die Größe basiert vor allem auf Ihrer Innenbeinlänge (Messung siehe Kasten).

Vermessen? Nicht mit uns!

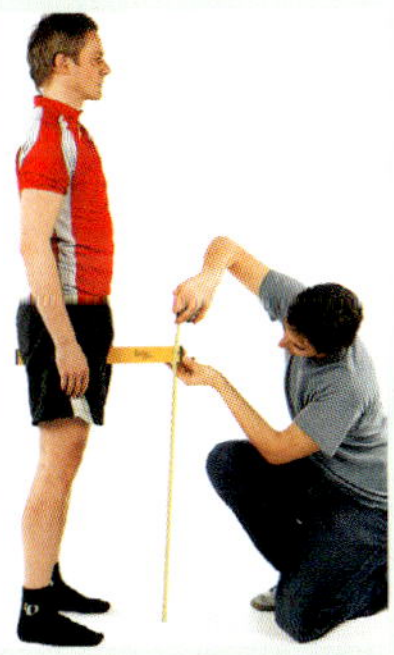

1. Schrittlänge ermitteln
Stellen Sie sich barfuß an eine Wand. Als »Messschieber« dient Ihnen z. B. ein Buch, dass Sie in den Schritt schieben. Die Schrittlänge messen Sie von der Oberkante des Buches bis zum Boden.

2. Sitzrohrlänge messen
Die Sitzrohrlänge misst man von der Mitte des Tretlagers bis zur Oberkante des Sitzrohrs. Vorsicht: Nicht alle Hersteller messen sie so. Unser Verfahren harmoniert allerdings mit der unten stehenden Tabelle.

Daraus errechnen Sie die Größe des neuen Rahmens, indem Sie den Wert mit 0,57 multiplizieren. Als Ergebnis erhalten Sie die Länge des Sitzrohrs. In der Tabelle unten finden Sie bereits die gängigsten Werte. Die übrigen Eckwerte eines Mountainbike-Rahmens orientieren sich an dieser Größe. Falls Sie einen überdurchschnittlich langen oder kurzen Oberkörper haben, bleibt noch die Möglichkeit, einen anderen Vorbau zu montieren.

Körpergröße (cm)	Schrittlänge (cm) (Durchschnittswert)	Rahmengröße (Zoll)	Rahmengröße (cm)	Rahmengröße (cm) Komfort-Position	Rahmengröße (cm) Race-Position	Oberrohrlänge (cm) Komfort-Position	Oberrohrlänge (cm) Race-Position
148–153	68	15,4	39	37	41	kleiner 53	kleiner 55
150–153	70	15,8	40	38	42	kleiner 53	kleiner 55
155	72	16,3	41	40	43	kleiner 53	kleiner 55
157	74	16,7	42	41	44	53	55–56
161	76	17,2	44	42	45	53,5	56
165	78	17,6	45	43	46	54	56,5
167	80	18,1	46	44	48	54,5	57
171	82	18,5	47	45	49	55	57,5–58,
175	84	19,0	48	47	50	55,5	58–58,5
177	86	19,4	49	48	51	56	58,5–59,5
181	88	19,9	51	49	52	56,5	59,5
185	90	20,3	52	50	53	57	59,5–60
187	92	20,8	53	51	54	57,5	60–61
191	94	21,2	54	52	55	58	60–61
195	96	21,7	55	53	56	58,5	61
197	98	22,1	56	55	58	59	61–61,5
201	100	22,6	57	56	59	59,5	61,5–62

FINALE

Bevor Sie das Geld auf den Tisch legen, hier noch ein paar letzte Tipps:

1. Probefahrt

Es kommt nicht auf die Länge an. Zwar ist es eine nette Geste, wenn Ihr Händler Ihnen ein Bike für einen Tag überlässt. Ob Sie sich darauf wohl fühlen, merken Sie allerdings bereits auf den ersten Metern. Bedingung: Der Händler sollte die Federung penibel justieren und einen Blick auf die richtige Sattelhöhe werfen. Auch der Reifendruck muss stimmen (etwa 2,5 bar). Dann geht's los:

- Fahren Sie Kurven in verschiedenen Radien. Das **Lenkverhalten** eines Bikes zählt zu den wichtigsten Eigenschaften.

- Fahren Sie im Wiegetritt bergauf: Hält das Bike Ihrem **Gewicht** stand? Liefert es guten **Vortrieb**?
- Schalten Sie die **Gänge** an einer leichten Steigung durch. Knacken und Knarzen deutet zumindest auf eine schlechte Montage.
- Prüfen Sie die **Bremsen**. Vorsicht: Sie können unerwartet bissig sein! Scheibenbremsen brauchen etliche Kilometer, bis sie funktionieren. Wichtig ist, dass man an den Hebeln den Punkt exakt spüren kann, an dem die Wirkung einsetzt.
- Fahren Sie eine Bordsteinkante hinab, und bleiben Sie dabei im Sattel. So bekommen Sie ein Gespür für den Komfort der **Federung**.
- Falls es bereits zu Ihrem Repertoire gehört: Rollen Sie Treppenstufen oder Kanten hinab. So erfühlen Sie den **Federungskomfort** und prüfen, ob es zu **Überschlagsgefühlen** kommt.

Ein tolles Bikerutensil: Trinkrucksäcke. Sie fassen neben drei Litern Wasser auch alles, was man für die Tour braucht.

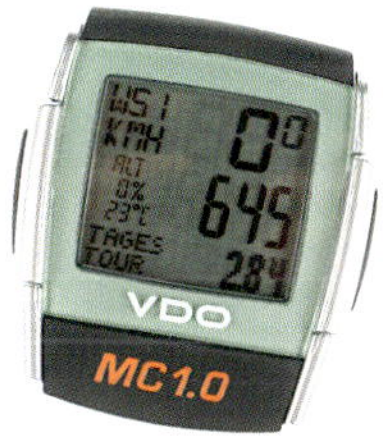

Fahrtenschreiber: Schon ein Mittelklasse-Tacho dokumentiert alle Eckdaten einer Tour.

Wichtig bei Bike-Schuhen: eine harte Sohle für gute Kraftübertragung.

2. Zubehör

Brauchen Sie noch Helm, Schuhe, Rucksack oder Werkzeug? Praktisch, wenn der Händler alles vorrätig hat. Noch besser, wenn er beim Preis mit sich reden lässt. Falls Sie Details wie z. B. zu schmale Reifen an Ihrem neuen Bike stören: Machen Sie Ihren Händler darauf aufmerksam, vielleicht montiert er schnell neue.

3. Erstinspektion

Aufgrund des relativ strengen europäischen Produkthaftungsgesetzes bieten viele Händler freiwillig eine kostenlose Erstinspektion oder gar weitere Dienstleistungen an. Informieren Sie sich über die Bedingungen.

Falls es Probleme mit dem Bike gibt, auch wenn es nur ein Knacken ist – Sie haben im ersten halben Jahr nach Kauf Anspruch auf absolut kulante Abwicklung. Die Beweispflicht liegt auf der Seite des Händlers!

An einer aufgeräumten Werkstatt erkennen Sie den guten Händler.

BIKES PER POST – LOHNT SICH DAS?

Die Post ist da – hoffentlich muss der UPS-Mann nicht bald wieder zum Abholen kommen.

Der Versandhandel boomt – auch der mit Fahrrädern. Weil eine Handelsstufe ausgespart wird, sind Bikes direkt aus dem Lager meist unschlagbar günstig. Bevor Sie jedoch den Händler um die Ecke schneiden, hier ein paar Argumente:

Ein Händler vor Ort hat viele Vorteile. Hier kann man das Bike anfassen, Probe fahren und bei Problemen jederzeit vorsprechen. Etablierte Marken haben sich im Laufe der Jahre meist ein vertrauenswürdiges und professionelles Händlernetz aufgebaut, das Garantiefälle schnell erledigt. Aber auch Versender wie Canyon und Rose haben ihre Reize. Schließlich schneiden die Bikes bei Tests meist mit guten Ergebnissen ab, die sie vor allem ihrem Preis-Leistungs-Verhältnis verdanken. Und von enttäuschten Kunden hört man auch selten. Also sofort beim Versandhandel ordern?

Moment! Versand-Bikes sind nicht deshalb billiger, weil ihre Anbieter die besseren Menschen sind, sondern weil der Käufer auf manche Leistung verzichtet, die beim Händler selbstverständlich ist. Ob Sie das möchten und können, sollten Sie sich in Ruhe überlegen.

Eine Probefahrt ist zwar grundsätzlich möglich, allerdings mit Aus- und Verpacken verbunden. Reklamationen und Defekte werden über den Postweg verkompliziert, und der Händler um die Ecke wird plötzlich patzig, wenn er ein Bike reparieren soll, das er nicht verkauft hat. Unter ihren Einzelhandels-Kollegen haben die Versandhändler den Ruf der Preisdrücker. Deshalb wird die Reparatur von Versandbikes nach abgelaufener Garantiefrist meist ein wenig teurer als bei Einzelhandelsware.

Beim Versandhandel sollten Sie also nur bestellen, wenn Sie sich Aufbau und Wartung des Traumbikes selbst zutrauen. Dann lässt sich so mancher Euro sparen. Viele der Versandmarken greifen auch auf bewährte Rahmendesigns zurück, die andere Hersteller bereits Jahre zuvor ersonnen haben. Selten findet man technische Neuentwicklungen in den Versandkatalogen. Auf dem Trail muss dies allerdings kein Nachteil sein.

VORTEILE DES VERSANDHANDELS

- Die Bikes sind etwa 20 Prozent billiger als vergleichbare Modelle im Einzelhandel.
- Die meisten Versender wickeln Reklamationen und Größenberatung professionell ab.

NACHTEILE DES VERSANDHANDELS

- Eine unverbindliche Probefahrt ist sehr umständlich.
- Auch kleine Reparaturen kosten entweder Porto oder einen Aufpreis beim Einzelhändler.
- Die Bikes von Versandmarken sind nur selten technische Vorreiter. Meist wird Bewährtes kopiert.
- Die Preise bei Versendern sind fix. Mit dem Händler lässt sich reden, vor allem, wenn es um Zubehör geht.

TIPPS FÜR FRAUEN

Physisch betrachtet, gibt es nur wenige Unterschiede zwischen Frauen und Männern, die sich auf die Ausstattung des Mountainbikes auswirken.

Ein kürzerer Oberkörper wird durch einen kürzeren Vorbau wettgemacht, die eventuell geringere Körpergröße durch einen kleineren Rahmen.

Einige Tipps erleichtern Frauen den Einstieg enorm:

- Nur in Ausnahmefällen ist die Federung ohne umständlichen und teuren Umbau auf Körpergewichte unter 65 Kilogramm abstimmbar. Einige Federgabelhersteller bieten Nachrüstfedern für Frauen und leichte Fahrer an. Selbst die sind bei

Mit dem richtigen Bike erleben Frauen das Biken völlig neu.

Nur wenn das Bike nicht zu schwer ist, können Frauen auch Uphills genießen.

Leichtgewichten meist zu hart. Die Lösung: Luftfederung. Hier funktioniert die Einstellung durch Luftablassen – stufenlos.

- Kleine Hände: Auch Männer mit kürzeren Fingern stehen häufig vor dem Problem, dass die Bremshebel kaum fassbar sind. Prüfen Sie beim Radkauf, ob der Hebelabstand zum Lenker variabel ist, und lassen Sie ihn am besten justieren. Erst wenn Sie die Bremshebel locker erreichen, rollen Sie auch unverkrampft durchs Gelände.

Ganz wichtig: einstellbare Hebelweite für kleine Hände.

- 50 Kilogramm Frau und 12 Kilogramm Bike: Das ist ein weitaus ungünstigeres Gewichtsverhältnis als bei Männern. Die meisten Bikes sind auf Fahrer weit jenseits der 75 Kilogramm ausgelegt – und damit für Frauen, die meist geschmeidiger unterwegs sind, zu viel des Guten. Leichte Frauen können bedenkenlos ein 10-Kilo-Fully fahren – und erhöhen damit ihren Fahrspaß enorm. Wenn Sie also noch ein bisschen finanziellen Spielraum haben: Fragen Sie Ihren Händler nach leichteren Teilen für Ihr Bike (schon leichte Reifen und Schläuche sparen 600 Gramm).
- Lassen Sie sich nichts erzählen! Frauen brauchen keine Spezialgeometrie. Die Proportionen der Extremitäten sind denen der Männer ähnlich, nur eben meist etwas zierlicher.

Perfekt für Ladies: leicht, klein, individuell einstellbare Luftfederung.

➲ Mountainbike-Technik

Für den einen ist sie das größte Faszinosum an unserem Sport, für den anderen der blanke Horror: die ausgefeilte Technik. Fest steht: Erst der technische Fortschritt machte aus dem Fahrrad das Mountainbike.

27 Gänge, geringes Gewicht und Federung – diese Attribute stehen synonym für Spaß im Gelände. Mit seinen technischen Innovationen hat das Mountainbike in den vergangen Jahrzehnten den ganzen Markt befruchtet: Aluminium wurde als ideales Rahmenmaterial entdeckt, Rennräder hatten plötzlich mehr als zehn Gänge, und auch Trekkingräder rollen mittlerweile vollgefedert übers Kopfsteinpflaster. Wer Worte wie Dämpfer, Scheibenbremse oder Federgabel in den Mund nimmt, will uns über ein Geländefahrrad informieren – sogar im Supermarkt stoßen wir mittlerweile schon auf dieses Hightech-Vokabular. Doch wenn man sich die einzelnen Komponenten eines Mountainbikes einmal genauer anschaut, ist es gar nicht mehr so schlimm.

DER RAHMEN

Beginnen wir beim Rahmen, dem Herzstück jedes Mountainbikes.

Mittlerweile kann man getrost von »Fahrwerk« sprechen, denn die Aufhängung der beiden Räder wurde in den letzten Jahren immer weiter verfeinert. Wichtig für Sie als Käufer: Das Fahrwerk entscheidet über Lust und Frust beim Biken. Es beeinflusst das Fahrverhalten von allen Bauteilen am stärksten. Zudem lässt es sich kaum noch nachträglich ändern.

Am leichtesten hat es natürlich, wer sich für ein frontgefedertes Bike (Hardtail) entschieden hat. Über die Rahmenqualität gibt es nicht viele Worte zu verlieren: Der Hardtailrahmen aus Alu ist ausgereift, nur Nuancen von einigen wenigen hundert Gramm unterscheiden das Herzstück eines 800-Euro-Bikes von dem eines für 3000 Euro. Eine kleine Revolution brachte Karbon: Mit diesem Material gebaut, wiegen Hardtailrahmen teilweise weniger als ein Kilogramm. Alurahmen wiegen selten unter 1500 Gramm.

Deutlich mehr Vielfalt herrscht bei der Kategorie der vollgefederten Mountainbikes (Fullsuspension). Um die drei Ideale Leichtgewicht, Haltbarkeit und Antriebsneutralität unter einen Hut zu bringen, haben die Bike-Hersteller in den vergangenen Jahren viele Lösungen gefunden, von denen drei besonders beliebt sind:

Eingelenker

Dieser Ansatz besticht durch seine Einfachheit: Eine Schwinge dreht sich um ein einziges Lager, das entsprechend groß ausfallen kann. So sind extrem leichte Rahmen realisierbar (unter zwei Kilogramm), die zudem sehr wartungsarm sind. Wenn der Drehpunkt richtig gewählt wurde und nicht zu hoch liegt, kann man voll in die Pedale treten, ohne dass der Dämpfer einfedert (Antriebsneutralität). Bei allzu filigraner Bauweise kann die Schwinge allerdings labil werden: Der Dämpfer kann dann Querkräften ausgesetzt sein, für die er nicht konstruiert wurde. Schwere Jungs sollten dies besonders bedenken und bei einer Testfahrt nachprüfen.

Wenige Lager, weniger Stress: Eingelenker.

Mehrgelenker

Bei solchen Bikes stützt sich die Schwinge über mehrere Gelenke am Hauptrahmen ab.

Vielheit von Systemen bei Mehrgelenkern.

Ob das Konzept aufgeht oder nicht, hängt hier noch viel stärker vom Ingenieur ab als bei den anderen Varianten. Nicht immer sind Mehrgelenker antriebsneutral. Manch eine Fehlkonstruktion sackt tief ein, wenn man kräftig ins Pedal tritt, oder reagiert weniger sensibel auf kleine Schläge als die Konkurrenten. Im Idealfall jedoch ist ein Mehrgelenker steifer als der Eingelenker und glänzt mit einer durchdachten Raderhebungskurve, die sensibles Ansprechverhalten liefert. Auch hier hilft das Lesen von Tests sowie eine Probefahrt.

Viergelenker

Das Erkennungszeichen des Viergelenkers ist das so genannte Horst-Link, ein Gelenk zwischen Hinterrad und Tretlager. So ist das Hinterrad in einem Parallelogramm aufgehängt, das dafür sorgt, dass Antrieb und Federung relativ unabhängig voneinander arbeiten. Eine sehr intelligente Lösung, die sich seit über zwölf Jahren bewährt. Nachteile können – wegen der Vielzahl an Lagern – höherer Wartungsaufwand und Mehrgewicht sein. Neueste Konstruktionen, wie das Scott »Genius«, beweisen allerdings, dass zumindest Letzteres nicht zutreffen muss.

Der Hinterbau ist vierfach gelagert. Das kann den Rahmen im Idealfall stabilisieren.

Abgesehen von den speziellen Vor- und Nachteilen der Systeme sollten Sie beim Kauf darauf achten, dass die Sattelstütze vollständig versenkbar und ein sinnvoller Platz für Ihren Flaschenhalter vorhanden ist.

GEOMETRIE

1 Oberrohrlänge: Sportliche Bikes haben bei einer Rahmengröße um 19 Zoll eine Oberrohrlänge von mehr als 580 Millimeter. Man liegt förmlich auf dem Bike, das Vorderrad neigt erst sehr spät zum Steigen, wenn es steil bergauf geht. Ist das Oberrohr kürzer (um 560 Millimeter), sitzt man aufrechter, die Handhabung des Bikes wird verspielter.

2 Sitzrohrlänge: Die Sitzrohrlänge ist Indikator für die Bike-Größe, hat aber ansonsten aufs Fahrverhalten keinen Einfluss.

3 Radstand: Länge läuft – das gilt auch für Bikes. Gutes Mittelmaß (bei einer Rahmenhöhe von 19 Zoll) sind 1080 Millimeter. Quirlig, vielleicht auch nervös, fahren sich Bikes mit geringerem Radstand. Längere Bikes ab 1100 Millimeter benötigen Nachdruck, um durch Kurven zu navigieren.

4 Kettenstrebenlänge: mittlerweile eine fast standardisierte Größe (um 425 Millimeter). Liegt der Wert deutlich darüber, so können Sie ein sehr laufruhiges Fahrrad erwarten. Ist er geringer, verhält sich das Bike agiler.

5 Lenkwinkel: Hier entscheidet sich, wie sich das Bike steuert. Steht das Vorderrad relativ steil im Rahmen (Lenkwinkel größer als 70 Grad), wird die Lenkung leichtgängiger, darunter wird sie träger. Downhill-Spezialisten und Freeride-Bikes haben meist Lenkwinkel unter 68 Grad, was für enorme Laufruhe sorgt.

6 Sitzwinkel: Dieses Maß ist vor allem für bergauf orientierte Biker interessant, denn es gibt Auskunft, in welchem Winkel der Biker zum Tretlager sitzt. Ein flacher Winkel (über 70 Grad) steht meist für sportlich, darunter sitzt der Biker etwas entspannter nach hinten versetzt.

7 Steuerrohrlänge: Ein normalgroßer Rahmen hat ein Steuerrohr von etwa 120 mm Länge. Ist das Maß deutlich länger (über 140 mm), kann man mit einem trägeren Lenkverhalten rechnen.

8 Tretlagerhöhe: Bestimmt maßgeblich den Schwerpunkt des Systems »Bike/Biker«. Bauartbedingt können Hardtails deutlich flacher gebaut werden als Fullies (unter 300 mm). Da der Federweg mit einkalkuliert werden muss, kann bei Fullies das Tretlager auch mal 400 mm über dem Boden schweben.

9 Nachlauf: Je größer der Nachlauf, desto träger ist das Lenkverhalten. Dieser Wert gibt an, wie weit sich das Vorderrad vor der Drehachse der Gabel befindet.

RAHMENMATERIALIEN

Nicht nur Federsystem und Geometrie entscheiden über die Eigenschaften des Rahmens. Auch das Material liefert einen wichtigen Beitrag zum Fahrverhalten.

Aluminium

Der Klassiker unter den Werkstoffen. Die Industrie hat mittlerweile 30-jährige Erfahrung in der Verarbeitung. Viel Entwicklungsaufwand ist in immer leichtere und feinere Rohre geflossen. Die Schweißtechnik wurde kontinuierlich verbessert. Kein Rahmenwerkstoff bietet heute ein besseres Preis-Leistungs-Verhältnis bei minimalem Gewicht. Noch immer wird der leichteste Hardtail-Rahmen aus Alu geschweißt. Zudem ist das Material korrosionsbeständig.

Alu ist das meistgenutzte Rahmenmaterial: leicht und steif.

Fette Schweißnähte und eindrucksvolle Fräsarbeiten.

Stahl

Bis Mitte der 1990er-Jahre war das Gros der Bikes aus Stahl geschweißt, bis die voluminösen, aber leichteren Alurohre den Werkstoff ablösten. Seitdem gibt es wenig Fortschritt in der Stahlrohr-Fertigung. Das Material wird meist dann verwendet, wenn Bikes in der Optik der Neunzigerjahre auftreten sollen. Oder um in der Unter-500-Euro-Klasse Geld zu sparen. Stahlrahmen sind in der Regel recht schwer.

Stahlrahmen mit ihrer schlanken Silhouette haben viele Liebhaber.

Stahlrahmen begeistern mit filigranen Details.

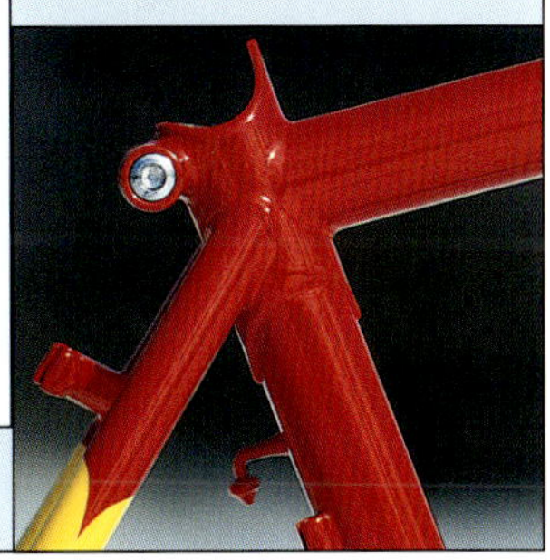

Karbon

Der klangvolle Name kommt meist ins Spiel, wenn ein Hersteller damit wirbt, Raumfahrt- oder Formel-Eins-Technik zu verwenden. Oft ist Vorsicht angebracht: Zwar machen die Kohlefasern optisch Eindruck und ermöglichen unorthodoxe Konstruktionen, da Karbon nicht in Rohren verbaut werden muss. Ob diese Formen dem Kraftfluss entsprechen und dabei noch Gewicht sparen, ist aber eher fraglich. Nur wenige Hersteller, wie z. B. Scott, schöpfen die Möglichkeiten des Materials sinnvoll aus.

Mit Karbon lassen sich ungewohnte Designs verwirklichen.

Für mehr Stabilität: Alubauteile am Karbonrahmen.

Titan

Das Material hatte Mitte der 1990er-Jahre seine Blütezeit, als man Alternativen zum relativ schweren Stahl suchte. Durchsetzen konnte es sich nicht, da Titan sich nicht so verarbeiten lässt, dass es Steifigkeit und Gewicht von Aluminium erreicht. Zudem ist die Verarbeitung sehr teuer, weil die Rohre nur in einer Schutzgasatmosphäre geschweißt werden können. Vorteile: der Hauch des Luxuriösen und eine nahezu unverwüstliche, korrosionsbeständige Oberfläche.

Ähnliche Optik wie Stahl – nur ein bisschen extravaganter.

Kennzeichen von Titan: hauchfeine Schweißnähte.

FEDERELEMENTE – INTELLIGENZ ZÄHLT!

Auch der beste Rahmen der Welt braucht einen adäquaten Gegenspieler: die richtige Federung. Gerade hier hat die Technik in den vergangenen Jahren enorme Fortschritte gemacht. Variable Federwege und »mitdenkende« Systeme würden auch einem Formel-Eins-Renner gut zu Gesicht stehen.

Wenn wir von Federung sprechen, machen wir eigentlich einen Fehler. Denn bei Federgabeln und Dämpfern ist das Federn nur die eine Funktion. Genauso wichtig für kontrolliertes Fahren im Gelände ist aber die Dämpfung. Hier setzten die Hersteller in den vergangenen Jahren den Schwerpunkt ihrer Forschung.

Dämpfung funktioniert übrigens wie Abnehmen: Überschüssige Energie wird in Bewegung umgewandelt. Bei hochwertigen Bikes nimmt ein Ölbad die Stöße auf. Die Flüssigkeit wird durch Ventile gepresst. So wandelt sich Bewegungsenergie in Wärmeenergie um – angewandte Thermodynamik. Ein simples Prinzip, das in den bald 15 Jahren, seit denen es Federgabeln an Mountainbikes gibt, immer weiter perfektioniert wurde.

In der ersten Generation der Federgabeln steckten meist Gummipuffer, so genannte Elastomere. Die waren zwar leicht, rissen aber schnell ein und wurden bei Kälte hart und damit unfahrbar. An billigen Mountainbikes und vor allem Trekkingrädern werden die Teile aus der Steinzeit der Fahrradtechnik noch heute verbaut.

Federn oder Luftpolster – keine Glaubensfrage

Durchgesetzt haben sich über die Jahre zwei Arten der Federung: Luftpolster und Stahlfedern.

Dieses Luftfederbein wiegt etwa 360 Gramm.

Der abgebildete Stahlfederdämpfer wiegt etwa 800 Gramm.

Von außen lässt sich kaum erkennen, welches Federmedium in einer Gabel steckt, es sei denn, man legt sie auf eine Waage. Luftgefüllte Gabeln wiegen etwa 300 Gramm weniger als solche mit Federn. Dazu kommt ein weiterer Vorteil: Um die Federung auf Ihr Gewicht anzupassen, benötigen Sie nur eine Pumpe – egal, ob Sie 120 oder 40 Kilogramm wiegen. Bevorzugen Sie Stahlfederung, so muss man die Federhärte ändern, um das Fahrwerk auf Menschen einzustellen, die weit über oder unter 80 Kilogramm wiegen.

Obwohl die Luftfederung in den vergangenen Jahren ständig verbessert wurde, muss man einen Nachteil in Kauf nehmen: Ein Luftpolster bietet nicht den Komfort einer Stahlfeder.

Das ist nicht ganz so dramatisch, wie es sich anhört. Das Gros der Biker spürt den Unterschied erst im direkten Vergleich der beiden Systeme. Störend wird der Effekt jedoch, wenn man das Tempo eines Downhillrennfahrers fährt und seine Freizeit im Bikepark verbringt. Für Fahrer, die Wert auf ein leichtes Bike legen, spielt dieser Aspekt keine Rolle.

Für Dämpfer gilt dies noch mehr. Hier spart ein Luftdämpfer Gewicht, ohne dass die Performance zu sehr leidet. Ein Luftdämpfer wiegt etwa 250 Gramm, während ein Stahlfederdämpfer ein halbes Kilogramm mehr aufs Gewicht schlägt. In einem guten Hinterbau wirkt sich Luftfederung kaum nachteilig aus. Nur Downhillprofis und Freeride-Fans bleiben der Stahlfeder (auch wegen ihrer Robustheit) treu.

Der Beweis:

Warum Luft nicht so gut federt wie Metall

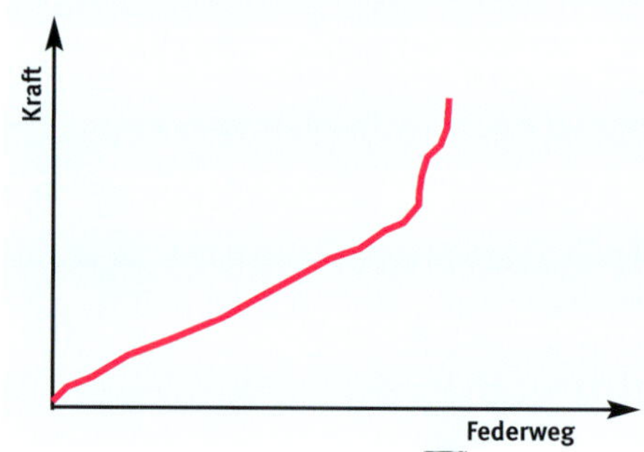

Stahlfederung

Die Federung spricht weich an. Es gibt keine hohe Anfangsreibung (Losbrechmoment). Die Kennlinie verläuft linar, der genutzte Federweg nimmt mit der Stärke der Schläge zu – sicht- und spürbar die komfortablere Art zu federn.

Von außen nur am Schriftzug erkennbar: Hier federt Stahl.

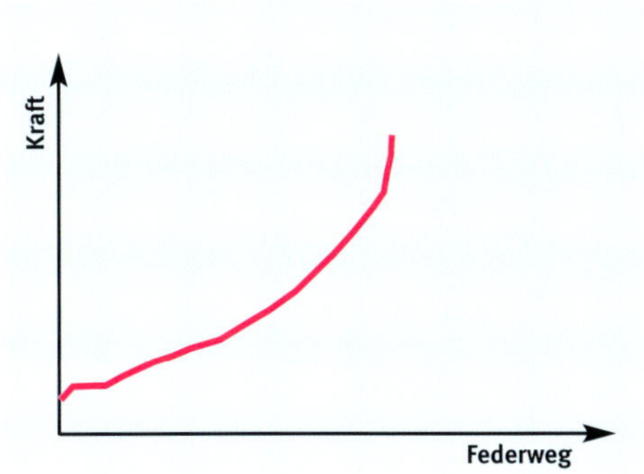

Luftfederung

Das Federbein benötigt etwas mehr Kraft als ein Stahlfederbein, bis es sich bewegt (Losbrechmoment). Ist die erst Hürde überwunden, nutzt das Luftfederbein gleich eine Menge Federweg: Die Federung taucht tief ein. Für stärkere Schläge bleiben nicht mehr viel Reserven – der Komfort ist geringer als bei der Stahlfederung. Diese, grob gesehen, s-förmige Kennlinie verläuft zum Ende hin stark progressiv.

Spart etwa 300 Gramm: Luftfederung.

So funktioniert Öldämpfung

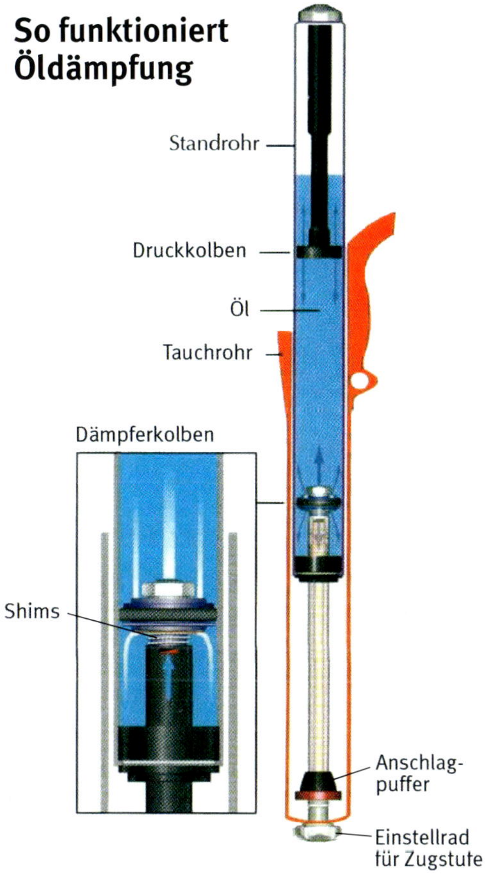

Dämpfung

Neben Zuverlässigkeit, geringem Gewicht und einfacher Bedienbarkeit zählt vor allem eines: Die Dämpfung muss bei schnellen Schlägen genauso perfekt funktionieren wie bei Zeitlupen-Stößen. Am Anfang des Federungszeitalters schien dies noch ein großes Geheimnis zu sein. Heute meistern die Systeme aller namhaften Hersteller die Aufgabe mit Bravur. Da die Federwege in den letzten Jahren immer größer geworden waren, hatten die Hersteller bald ein neues Problem: Die Federung sollte zwar Schläge aufsaugen, beim Beschleunigen allerdings möglichst wenig wippen. Das hat eine Menge neuer Ansätze auf den Markt gespült: Man experimentierte mit High- und Lowspeed-Druckstufen-Einstellungen und anderen Systemen. Das Resultat: Ab einem Preis von etwa 400 Euro Federgabel alles, was das Herz begehrt.

Die Grafik zeigt den Querschnitt einer Hälfte einer Federgabel. In der anderen Hälfte ist das Federungssystem (entweder eine Stahlfeder oder ein Luftpolster untergebracht). Beide Systeme funktionieren unabhängig voneinander. Beim Einfedern wird das Öl zwischen Druck- und Dämpferkolben zusammengepresst. Es kann dabei durch Bohrungen fließen. Hier findet der eigentliche Dämpfungsvorgang statt: Beim Fließen durch die Kanäle gibt das Öl Wärme ab. Bewegungsenergie wird in Wärmeenergie umgewandelt.
Am Einstellrad für die Zugstufe wird die Dämpfung geregelt. Damit steuert man den Druck auf die Shims. Das sind hauchdünne Plättchen aus Federstahl, die sich über den Strömungskanälen befinden. Sie bestimmen, wieviel Kraft dem Ölfluss entgegenwirkt.

Anti-Wipp-Dämpfung – das Ei des Kolumbus

Mittels komplexer Systeme gelingt es einigen Herstellern, allen voran Manitou, die Dämpfung geschwindigkeitsabhängig zu machen. Im Idealfall reagiert die Federung dann nicht mehr auf das langsame Stampfen im Wiegetritt, öffnet aber, sobald man über eine Wurzel rollt. Das schont die Kräfte des Fahrers und vermittelt vor allem ein definiertes Fahrgefühl. Es ist aber nicht der einzige Vorteil dieser Erfindungen. Viel wichtiger ist, dass ein intelligentes Dämpfungssystem eventuelle Schwächen in der Fahrwerkskonstruktion wettmacht. Solange der Dämpfer ein Anti-Wipp-System hat, braucht man sich über den Rahmen keine Gedanken zu machen – höchstens, ob er hübsch und leicht ist.

5th Element war der erste Dämpfer mit Plattform-System.

Niveau-Ausgleich – Federweg nach Wunsch

Als Andi Fels und Stefan Albrecht einer Gams beim Klettern zuschauten, kam ihnen der Geistesblitz: Beim Bergabsteigen beugt das Tier seine Hinterläufe, um in der Steilwand keinen Purzelbaum zu schlagen. Ein Provisorium half, die Idee zu testen: Mit einem Gürtel spannten sie ihre Federgabeln zusammen und kappten somit den Federweg. Ergebnis: Das Körpergewicht wird nach vorn verlagert – Bergauffahren wird angenehmer.

Mittlerweile bauen alle namhaften Hersteller Federgabeln, bei denen man den Federweg blitzschnell (oder gar während der Fahrt) ändern kann. So strampelt man mit straffen acht Zentimetern und nach vorn verlagertem Schwerpunkt entspannt bergan und gibt den vollen Federweg beim Downhill frei.

Dieser variable Federweg hat einen zweiten Vorteil: Per Knopfdrehung ändert sich die Charakteristik Ihres Bikes. Ist die Federung auf knackige acht Zentimeter eingestellt, können Sie beim Marathon starten. Mit dem vollen Federweg kann man einen Ausflug in den Bikepark wagen. Erst mit Niveau-Ausgleich ist es möglich geworden, die Eier legende Wollmilchsau zu konstruieren.

Mit ein paar Drehungen schraubt man den Federweg von Vario-Gabeln um etliche Zentimeter herunter. Das hilft beim Bergauffahren. ▶

◀ Nach Verstellen der Federung ist das Bike kaum wiederzuerkennen und bereit für jeden Uphill.

Fahrwerksabstimmung

Am wichtigsten ist es, den richtigen Negativfederweg (englisch: »Sag«) einzustellen. Das meint, wie tief die Federung unter dem Fahrer in die Knie geht. Wichtig ist der Sag, damit die Laufräder stets Bodenkontakt halten, auch beim Durchfahren eines negativen Hindernisses, wie z. B. ein Schlagloch.

Race- und Marathonbikes sollten beim Aufsitzen **10 bis 20 Prozent** des gesamten Federwegs nutzen, Enduro- und Freeride-Bikes **20 bis 30 Prozent**. Schritt Nummer zwei ist dann die Feinjustierung der Dämpfung, damit die Federung schnell genug wieder für neue Schläge bereit sein kann.

Die Strecke im belasteten Zustand wird von der im Ruhezustand subtrahiert. Ergebnis: der »Sag«.

SCHRITT 1:

Gummiringe an den Gleitrohren dienen als Federweg-Indikator.

Alternativ kann man den realen Federweg zwischen Ausfallende und Sattelunterkante messen.

Federung und Dämpfung justieren

1. Bestimmen Sie den **Federweg** Ihrer Gabel und Ihres Dämpfers. Bei der Gabel ist das einfach: Sie können ihn an den Standrohren ablesen. Beim Luftdämpfer ebenso. Bei einem Stahlfederdämpfer müssen Sie die Feder ausbauen, um ihn komprimieren zu können und so den maximalen Federweg herauszufinden (gemessen von der Sattelunterkante bis zum Ausfallende). Oder Sie orientieren sich (wie beim Luftdämpfer) am Kolbenhub. Dort lässt sich auch ein Kabelbinder befestigen.
2. Stellen Sie den **Negativfederweg** ein, den Sie z. B. mit der Formel »Federweg mal 0,8« errechnet haben. Bei einem »Anti-

SCHRITT 2:

Im Idealfall reagiert die Federung dann auf das langsame Stampfen im Wieg.

Wipp-System« können Sie einen Negativfederweg von 30 bis 40 Prozent justieren, um möglichst komfortabel zu fahren.
Bei Luftsystemen ist das denkbar einfach: Man braucht nur eine Pumpe. Bei Stahlfedern lässt sich die Vorspannung nur minimal ändern. Ist die Feder viel zu weich oder zu hart, muss eine neue her.

3. Justieren Sie die **Dämpfung**. Dämpfer und Gabeln hochwertiger Mountainbikes lassen sich extern per Drehknopf verstellen. Diese Knöpfe sind meist mit »slower« und »faster« gekennzeichnet. Meist ist zudem »rebound« (deutsch: Zugstufe) aufgedruckt.
Führen Sie den Test an einer Bordsteinkante durch, die Sie im Sitzen hinunterrollen. Optimal ist das Bike dann justiert, wenn die Federung eineinhalbmal nachwippt. Damit ist gewährleistet, dass der Schlag schnell genug abgebaut wird und die Federung rechtzeitig wieder für neue Schläge bereit ist. Vor allem auf schnellgefahrenen Rüttelpisten liefert eine gut justierte Dämpfung ein Sicherheitsplus.

Eine Doppelbrückengabel (rechts) bietet mehr Federweg und Stabilität. Wegen des hohen Gewichts und des längeren Einbaumaßes ist sie nur für Freerider und Downhiller interessant.

SCHRITT 3:

❶ Zugstufe:
Dieser Teil der Dämpfung bestimmt, wie schnell die Federung wieder ausfedert. Meist ist nur die Druckstufe per Stellrad von außen regelbar.

❷ Druckstufe:
Sie bestimmt, wie stark bereits das Einfedern gedämpft wird. Eher für Fahrwerksspezialisten interessant. Selten extern verstellbar. Erkennungszeichen hochwertiger Federsysteme.

Lexikon: Federung

Federweg: Hubbereich einer Federgabel.

Gabelbrücke: Geschmiedetes Aluminiumteil, das die beiden Standrohre verbindet.

Gleitkolben: Der schmalere Kolben eines Luftfederbeins, der sich hinein- und hinausbewegt.

Kennlinie: Diagramm, das die Federkraft in Relation zum Federweg setzt.

Losbrechmoment: Kraft, die benötigt wird, eine Federgabel in Bewegung zu versetzen.

Niveauausgleich: System zur werkzeuglosen Federwegverstellung. Erleichtert das Bergauffahren durch Schwerpunktverlegung nach vorne.

Sag: Negativfederweg. Betrag, um den eine Federgabel beim Aufsitzen eintaucht.

Shims: Stahlfederplättchen zur Dämpfungskontrolle.

Standrohr: Teil der Gabel, der fest mit dem Rahmen verbunden ist.

Tauchrohr: Teil der Federgabel, an dem das Vorderrad befestigt ist.

FEDERGABEL-KLASSEN

Das leisten die verschiedenen Gabeln:

RACE

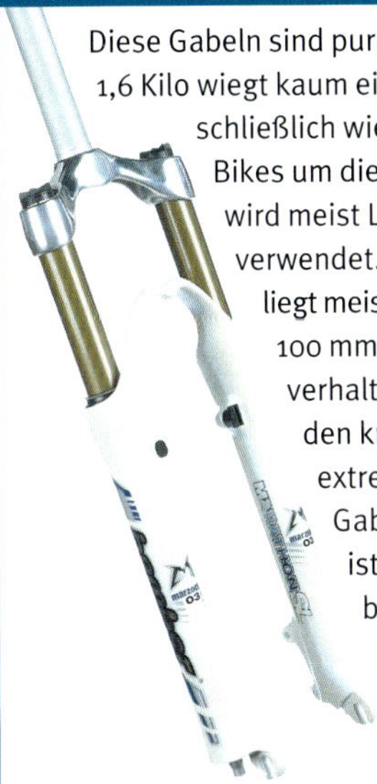

Diese Gabeln sind purer Leichtbau. Über 1,6 Kilo wiegt kaum eine Race-Gabel, schließlich wiegen zugehörige Bikes um die elf Kilo. Deshalb wird meist Luft zum Federn verwendet. Der Federweg liegt meist zwischen 80 und 100 mm. Feines Ansprechverhalten kompensiert den knappen Hub. Bei extrem leichten Race-Gabeln (um 1,2 Kilo) ist Vorsicht angebracht: Prüfen Sie, ob die Forke stabil genug ist für eine Scheibenbremse.

Typische Vertreter: Manitou Skareb, Marzocchi Marathon, Rock Shox SID.

ALLROUND/ENDURO

Eine variable Federgabel ist das Herzstück eines Enduro-Bikes. Ausgeklügelte Verstellmechanismen sind dafür unumgänglich. So ist es erst möglich, Gabeln mit 15 cm Federweg zu bauen, ohne dass dies beim Uphill stören würde. Sowohl Stahl- als auch Luftfederung finden sich in Enduro-Gabeln. Das Gewicht liegt bei den meisten Modellen unter zwei Kilo.

Typische Vertreter: Manitou NIXON, Marzocchi All Mountain, Rock Shox REBA.

FREERIDE

Stabilität lautet die Maxime bei Freeride-Gabeln. Erkennbar ist dies an mächtigen Rohrdurchmessern, die zudem die Lenkpräzision dieser Gabeln erhöhen. Da Gewicht kaum eine Rolle spielt, kommt nur Stahlfederung zum Einsatz. Der Federweg liegt zwischen 15 und 17 Zentimetern, wodurch der Negativfederweg recht üppig ausfallen kann. Auch Doppelbrückenkonstruktionen kommen vor.

Typische Vertreter: Manitou Sherman, Marzocchi 66, Rock Shox Pike.

DOWNHILL

Diese Gabeln können auch mal über drei Kilo wiegen. Bei 20 Kilo Bikegewicht ist das nur angemessen. Was zählt, ist Federweg: 18 Zentimeter sind Minimum. Ausgeklügelte Dämpfungssysteme gewährleisten feinste Einstellbarkeit, die auch Profis zufrieden stellt. Diese Eckdaten lassen sich nur durch Doppelbrückenkonstruktionen erreichen. Auch verschraubte Steckachsen sind gängig.

Typische Vertreter: Manitou Dorado, Rock Shox Boxxer, Marzocchi 888.

SCHALTUNG

27 Gänge, Synonym für Hightech und Feinmechanik, aber auch für überflüssigen Firlefanz des Trendsportgeräts. Über Schalten und Walten.

Lange bevor es Alurahmen und ausgeklügelte Federungen gab, war die fein abgestufte Schaltung das wichtigste Merkmal eines guten Mountainbikes. Mit 18 Gängen fing es an und steigerte sich in Dreierschritten bis zum heutigen Standard von 27 Schaltstufen. Im Vergleich zum Auto: extrem feinstufig. Bezogen auf das Wärmekraftwerk Mensch: gerade richtig. Schließlich können wir unsere relativ geringe Dauerleistung von etwa 200 Watt nur dann entfalten, wenn die Drehzahl stimmt. Da macht es viel aus, wenn man noch ein paar Gänge auf Reserve hat. Wie viele Gänge von dieser beeindruckenden Zahl wirklich nutzbar sind, erkennen Sie an der untenstehenden Tabelle.

Shimanos »XTR«: – seit fünfzehn Jahren das Synonym für Highend-Schaltungen.

Schaltung – was ist das überhaupt?

Die Schaltung eines Bikes besteht aus einem Konglomerat an Feinmechanik, die trotz widrigster Umstände (Schmutz, Regen, Sand) erstaunlich haltbar ist. Die meiste Arbeit leistet das **Schaltwerk**, das die **Kette** am Hinterrad über die **Ritzel** wandern lässt. Diese drei Teile unterscheiden sich kaum in ihrer Bauart, egal, ob »Shimano« oder »Sram« draufsteht. Über die **Tretkurbeln** mit ihren drei **Kettenblättern** sind unsere Beine mit dem System verbunden. Der **Umwerfer** wechselt die Kette auf den vorderen Kettenblättern und verursacht damit die größten Gangsprünge. Mit den beiden **Schalthebeln** haben wir absolute Kontrolle über unseren Antrieb.

Bei den Hebeln finden sich auch die größten Unterschiede, denn schließlich sind sie die Schnittstelle zu unserem Körper. Shimano als größter Schaltungshersteller lässt uns Bikern die Wahl zwischen den neu eingeführten Dual-Control- und den Rapidfire-Hebeln, die sich die größte Fan-Gemeinde erarbeitet haben.

Sram bietet ebenfalls zwei Alternativen: Drehgriffe und Daumenhebel (»Trigger«), die dem Shimano-System ähneln.

Schaltwerke wie dieses von SRAM können auch mal über 200 Euro kosten. SRAM und Shimano beginnen ihre Produktpalette allerdings schon bei etwa 30 Euro.

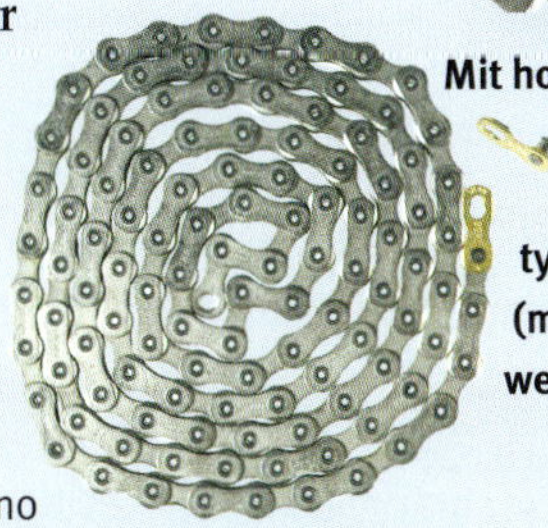

Mit hohlgebohrten Bolzen hat SRAM die Kette technisch ausgereizt. Das SRAM-typische Kettenschloss (messingfarben) lässt werkzeuglose Montage zu.

Schnittstelle zu unserem Körper. Daumenschalthebel wie hier der SRAM »Trigger« sind die erwiesenermaßen ergonomischste Art zu schalten.

Gut, wenn die Kettenblätter mit dem Rest der Schaltung harmonieren. Das ermöglicht Gangwechsel auch unter starker Belastung.

Mit der leichten und steifen »Spiderarm«-Kassettenkonstruktion hat Shimano Mitte der 1990er-Jahre die Vorreiterrolle übernommen. Bis heute ist das System ungeschlagen.

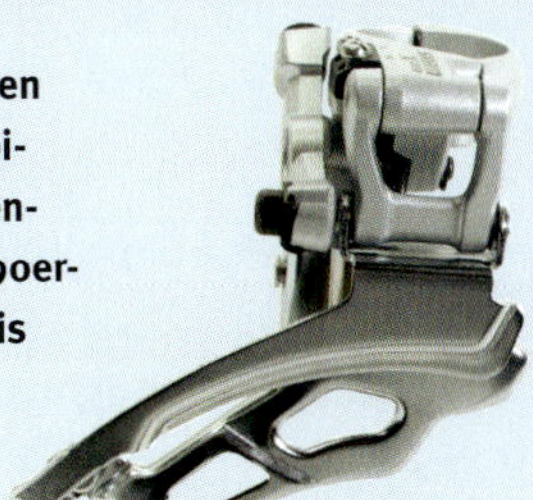

Das unauffälligste Teil einer Mountainbike-Schaltung ist der Umwerfer. Egal, ob 20 oder 100 Euro: Funktionelle Unterschiede sind kaum spürbar. Allerdings ist die Haltbarkeit der Lagerpunkte bei teuren Modellen höher.

Schaltungs-Kauderwelsch

SHIMANO: Der japanische Schaltungs-Gigant baute 1983 die erste Mountainbike-spezifische Schaltung.

Rapidfire: Runterschalten per Zeigefinger, der Daumen hievt die Gänge hoch. Bewährtes System, ergonomisch und absolut ausgereift.

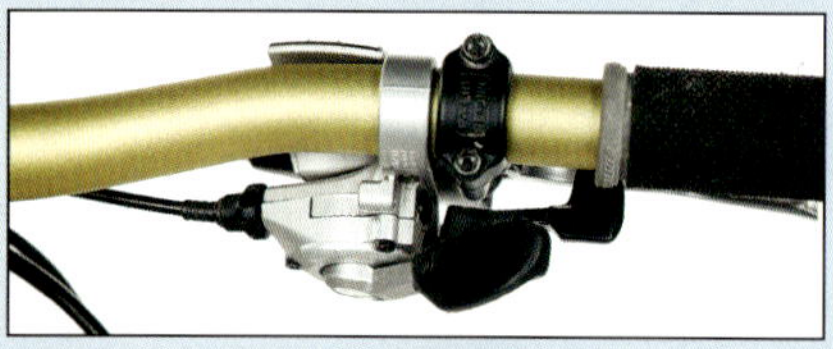

Dual-Control: Hier schaltet man mit dem Bremshebel. Das kann zu Verschalten beim Bremsen oder Verbremsen beim Schalten führen.

SRAM: Der Firma mit Ursprüngen in Irland gelang der Durchbruch mit dem ersten Drehgriff 1991. Im Jahr 2000 schluckte sie den deutschen Schaltungs-Spezialisten Sachs.

Drehgriff: Das Schalten funktioniert per Drehung, ganz locker aus dem Handgelenk. Allerdings hat man dabei den Lenker nicht mehr ganz so fest in der Hand.

Trigger: Sieht aus wie eine Rapidfire-Imitation, ist aber noch besser, denn zum Schalten braucht man nicht mehr den Zeigefinger, sondern nur noch den Daumen. Top-ergonomisch.

Obwohl Mountainbike-Schaltungen gleich aufgebaut sind und auf ähnlichem Niveau funktionieren, gibt es Unterschiede. So kostet ein Bike mit der legendären »XTR« von Shimano selten unter 4000 Euro, während eines mit »Deore«-Schaltung zum Preis von 800 Euro zu haben ist.

Das hat zwei Gründe. Tatsächlich kostet die »XTR«-Schaltgruppe ein Mehrfaches der »Deore«: fast 2000 Euro. Die Edelgruppe ist am Rand der technischen Möglichkeiten konstruiert – leichter geht es kaum. Zusätzlich wird hier Technik verbaut, die für die billigeren Gruppen zu kostspielig, weil zu aufwändig, wäre.

Dazu kommt die »Wenn-schon-denn-schon«-Mentalität der Hersteller: Wenn eine »XTR« verbaut wird, dann am leichtesten Rahmen, in Verbindung mit der teuersten Federgabel.

Übersetzung Shimano Deore XT

	22	32	44
11	2,00	2,91	4,00
12	1,83	2,67	3,67
14	1,57	2,29	3,14
16	1,38	2,00	2,75
18	1,22	1,78	2,44
21	1,05	1,52	2,10
24	0,92	1,33	1,83
28	0,79	1,14	1,57
32	0,69	1,00	1,38

Die Übersetzung errechnet man, indem man die Zahnzahl des Kettenblattes durch die des Ritzels teilt. Je kleiner das Ergebnis, desto weniger Weg legt man pro Umdrehung zurück. Einige Übersetzungen überschneiden sich oder liegen sehr nah beisammen. Bei anderen Gängen (z. B. 22–11) läuft die Kette extrem schräg – hoher Materialverschleiß ist die Folge.

Auch andere Komponenten, wie Naben und Bremsen, können die Schriftzüge »Deore« oder »XTR« tragen. Sie gehören aber nicht mehr zur Schaltung im engeren Sinn. Ein gutes Gefühl vermittelt es allemal, wenn sämtliche Komponenten einen einheitlichen

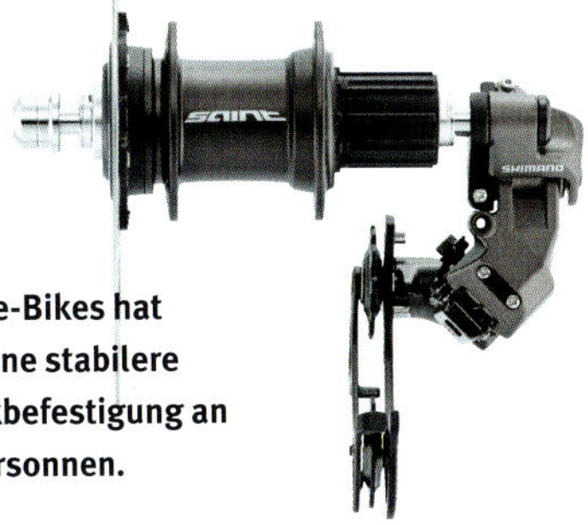

Für Freeride-Bikes hat Shimano eine stabilere Schaltwerkbefestigung an der Nabe ersonnen.

Schriftzug tragen. So betont der Bike-Hersteller, dass ihm an einem transparenten Produkt gelegen ist. Schließlich stehen die Schaltungs-Produzenten für Qualität – egal, ob SRAM »7.0« oder Shimano »Deore LX«.

Einen genauen Überblick darüber, welche Ausstattung Sie zu welchem Preis erwarten können, finden Sie in der unten stehenden Tabelle.

Die Alternative

Die Rohloff-Nabenschaltung hat zwar nur 14 Gänge, doch bieten die genau die gleiche Übersetzungsbandbreite wie eine 27-Gang-Kettenschaltung. Die Rohloff ist seit 1998 unverändert auf dem Markt und gilt in der Szene als Genie-Streich: Schaltwerk, Umwerfer, Kettenblätter – viele Teile einer konventionellen Schaltung – spart sich der Rohloff-Käufer und erhält ein Bike mit sauberer Optik. Leichter ist das System dennoch nicht, denn das komplexe Planetengetriebe in der dosendicken Nabe beschwert das Hinterrad mit 1,4 Kilogramm. In der Summe der Bauteile wiegt ein Rohloff-ausgerüstetes Bike 300 Gramm mehr als eines mit der »XT« von Shimano. Dafür bleiben einem die Probleme einer Kettenschaltung erspart: kein Kettenhüpfen im tiefen Schlamm, äußerst geringer Ketten-, kein Ritzelverschleiß. Und herunterspringen kann die Kette auch nicht mehr.

DIE GRUPPEN IM ÜBERBLICK

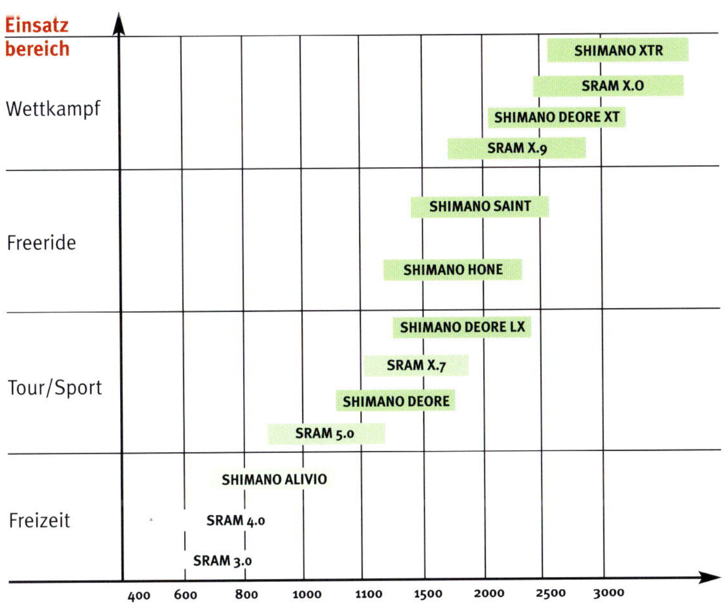

Die SRAM- und Shimano-Komponentengruppen im Bezug zum Gesamtpreis des Mountainbikes. Hardtail-Bikes derselben Kategorie kosten etwa 500 Euro weniger.

BREMSEN: ANKERWURF

Ohne die bissigen Bremsen wäre Mountainbiken nur halb so schön. Schließlich ist es ein tolles Gefühl, zu wissen, dass man im Notfall zur Vollbremsung nur den Finger krumm machen muss.

Die scharfen Bremsen am Mountainbike sind Fluch und Segen zugleich: Selten ist der Bremsweg länger als fünf Meter. Doch wer seine Stopper zu rabiat einsetzt, liegt schnell auf der Nase. Deshalb ist die Frage nach der Bremskraft (siehe Diagramm) zweitrangig, die Dosierbarkeit steht an Nummer eins. V-Brake oder Scheibenbremse? Diese Frage ist relativ schnell beantwortet, wenn man sich Vor- und Nachteile vor Augen führt. Zwar sind **Felgenbremsen** unschlagbar leicht und billig dazu, sie sind allerdings schwieriger zu dosieren: Den Punkt zwischen blockierenden Reifen und sanfter

Bremsung zu finden, erfordert etwas Routine. Weitere Nachteile sind die Empfindlichkeit der Felgenstopper auf Nässe und die Gefahr, dass die Felge bei langen Bremsmanövern so heiß werden kann, dass der Schlauch im Reifen platzt.

Gegen solcherlei Ausfälle sind die **Scheibenbremsen** immun, nicht aber gegen verbogene und schleifende Scheiben bei Steinkontakt oder unvorsichtiger Handhabung. Scheibenbremsen sind echte Sensibelchen. Dafür trumpfen die DiscStopper auf, wenn es um feinfühliges Bremsen geht: Weil Scheibenbremsen meist hydraulisch angesteuert werden, geht nichts an Handkraft auf dem Weg zum Bremskolben verloren. Die Folge: Man erspürt spielerisch den Punkt, ab welchem die Reifen blockieren.

Systemleistungen auf dem Prüfstand

Scheibenbremse

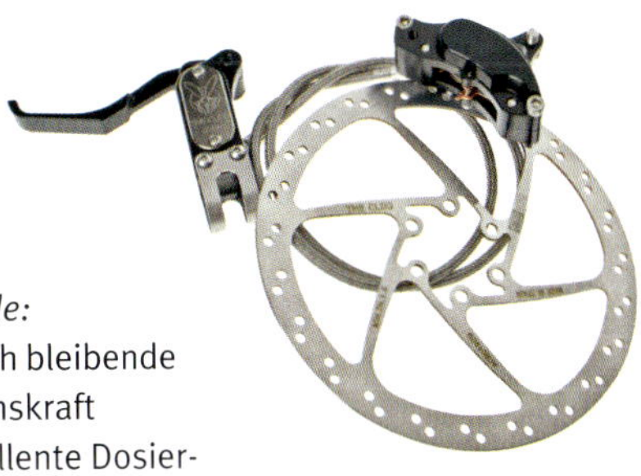

Vorteile:
- gleich bleibende Bremskraft
- exzellente Dosierbarkeit (Ausnahme: mechanische Modelle)

Nachteile:
- Preis
- empfindlich
- Wartungsaufwand
- Gewicht

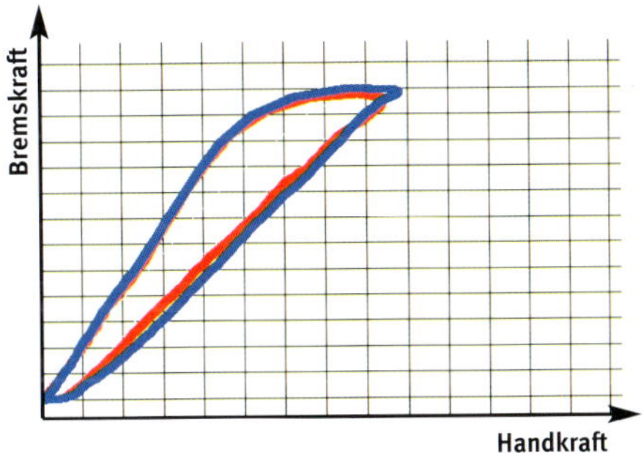

Die Scheibenbremse reagiert prompt auf den Griff zum Hebel. Die Kurve steigt steil an: Die Bremskraft entwickelt sich rasant und ohne viel Handkraft. Wenn der Hebel losgelassen wird, öffnet die Bremse zügig.
Eindrucksvoll: Die Bremskraft bei Nässe (blaue Linie) bleibt gleich.

Felgenbremse

Vorteile:
- Gewicht
- Robustheit

Nachteile:
- mäßige Dosierbarkeit
- empfindlich gegen Nässe
- Felge erhitzt bei Dauerbremsung

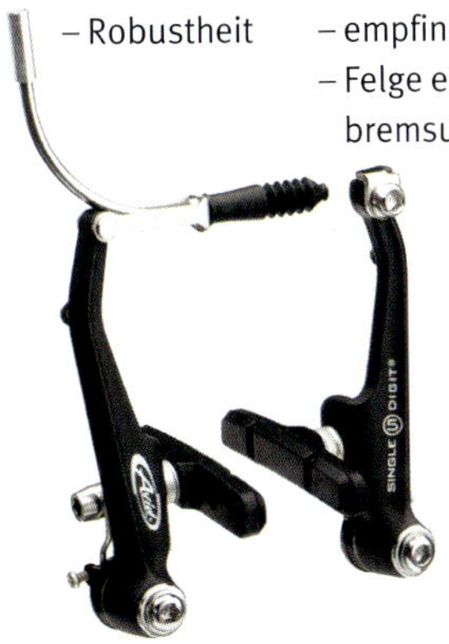

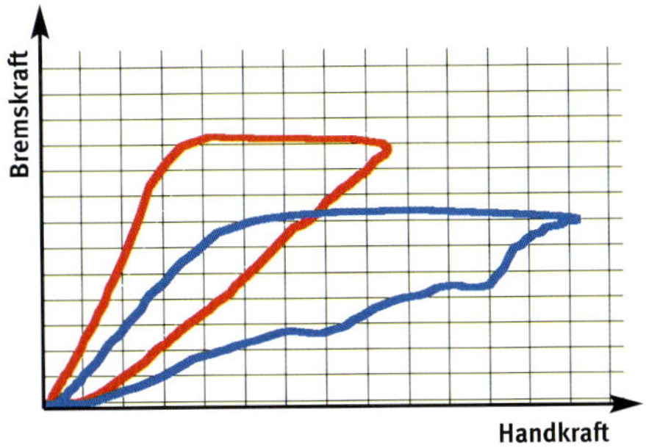

Gar nicht so schlecht, die maximale Bremskraft einer Felgenbremse. Allerdings leistet sie sich eine ordentliche Zeitverzögerung, bis sich die Beläge wieder von der Felge lösen. Den zweiten Nachteil offenbart die blaue Kurve: Bei Nässe fällt die Bremskraft extrem ab.

Hydraulische Felgenbremse

Vorteile:
- Dosierbarkeit
- Robustheit

Nachteile:
- empfindlich gegen Nässe
- Felge erhitzt bei Dauerbremsung

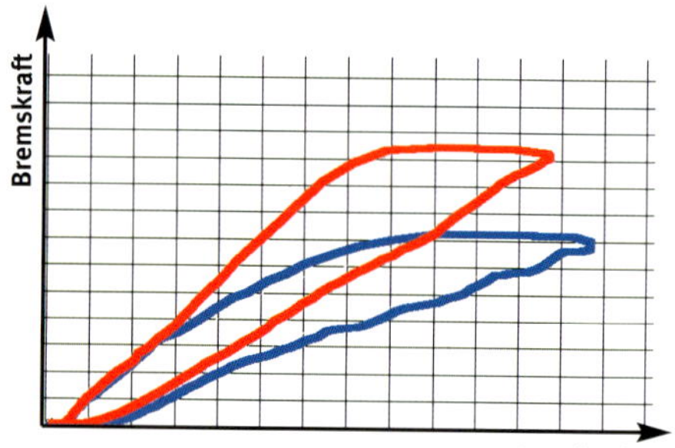

Die Magura »HS 33« reagiert prompt auf Hebeldruck und stellt bei angemessener Handkraft ordentlich Power zur Verfügung. Die Beläge stellen sich dank der Hydraulik fast so schnell wie bei einer Scheibenbremse zurück. Allerdings auch hier: schwaches Nassbremsverhalten.

Hoher Preis sowie Wartungsaufwand und das Gewicht stehen auf der Negativ-Seite der Scheibenbremsen.

Eine Bremse, die beide Systeme vereint, ist die **hydraulische Felgenbremse** »HS 33« von Magura. Sie bietet den knallharten Druckpunkt einer Scheibenbremse und braucht kaum mehr Fürsorge als eine Felgenbremse. Auf der Schattenseite stehen nur noch höheres Gewicht und Preis.

◄ Vor kurzem hat Shimano eine clevere, zentrale Bremsscheibenbefestigung eingeführt. Bei anderen Herstellern halten sechs Torx-Schrauben die Bremsscheiben.

Mischform: Die mechanische Scheibenbremse von Avid wird mit Drahtzügen angesteuert. Die meisten anderen Scheibenbremsen funktionieren hydraulisch. ►

REIFEN: HAFTPFLICHT

Wenn es um die Fahrsicherheit geht, kommen die Reifen gleich nach den Bremsen. Nirgends können Sie Ihr Bike billiger aufwerten als an den Rädern.

Kurvengrip auf Schotter, Traktion auf Wurzeln, Durchschlagschutz an Steinen, geringes Gewicht für Bersprints, Verschleißarmut auf Asphalt, Durchstichfestigkeit bei Dornen, Leichtlauf auf Waldboden, Grip in Matschlöchern, Seitenhalt bei Schrägfahrten, Haftung auf glitschigen Wiesen, Komfort auf Hoppelstrecken, Selbstreinigung bei Lehm, Seitenhalt auf hartem Boden: So würden die ersten Zeilen eines Anforderungskataloges lauten, wollte man den Reifen schlechthin bauen.

Mehr als bei allen anderen Fahrradkomponenten gilt beim Reifen: Man muss Kompromisse eingehen. Entweder Leichtlauf oder Pannenschutz. Entweder Fahrsicherheit oder Leichtigkeit. Es gibt zwar mittlerweile gute Allround-Reifen, den Alleskönner unter den Reifen haben die Hersteller aber noch nicht gefunden. Bei der Reifenwahl sollte man sich die persönlichen Vorlieben bewusst machen. Bei keinem anderen Teil des Bikes lohnt sich das so wie beim Reifen – gemessen am relativ geringen Preis. Das wissen auch die Hersteller, die den Markt mit immer spezielleren Reifen beglücken.

BEI DEN REIFEN GIBT ES DREI ARTEN VON SPEZIALISTEN:

Leichtreifen
unter 500 Gramm. Das geringe Gewicht bewirkt extrem gute Beschleunigungswerte – interessant für Renn- und Marathonfahrer. Meist ist auch ihr Rollwiderstand gering.

Allround-Reifen
ca. 550–750 Gramm. Auch Allrounder sind Spezialisten. Schließlich versucht man hier, hohe Pannensicherheit mit Leichtlauf und Leichtgewicht zu vereinbaren. Allrounder sind meist relativ breit (über 2,1 Zoll) und kräftig profiliert.

Freeride-Reifen
mit jenseits der 750 Gramm die Schwergewichte unter den Bike-Reifen. Dafür liefern sie Grip und Pannenschutz en masse. Touren werden wegen des hohen Gewichts und des enormen Rollwiderstandes qualvoll.

Ausgeprägte Querstollen und gute Selbstreinigung garantieren hohe Traktion bergauf.

Wer es ernst meint mit dem Mountainbiken, legt sich gleich mehrere Reifensätze in die Garage. Oft bringt der passende Reifen fürs jeweilige Gelände mehr Vorteile als eine neue Federgabel.

Haben Sie keine Scheu vor dicken Walzen! Diese Reifen bringen deutlich mehr Sicherheit und Komfort und haben sogar einen geringeren Rollwiderstand als schmale Asphaltschneider. Allerdings sollte man darauf achten, dass sich das Gewicht der breiten Schlappen in Maßen hält, sonst wird der Uphill zur Qual.

Schlauchlos – die Zukunft?

Beim Auto sind Schläuche schon seit Dekaden out. Auch beim Mountainbike gibt es Schlauchlos-Systeme. Der französische Felgenhersteller Mavic führte 2000 ein viel versprechendes System (»UST«) mit luftdichten Felgen ein. Die meisten Reifenhersteller bieten mittlerweile auch »UST«-Reifen an. Diese wiegen etwa 150 Gramm mehr als die Standardreifen. Dafür spart man sich den Schlauch, der normalerweise 200 Gramm wiegt. Eigentlich eine gute Rechnung. Ganz konnte sich das System allerdings noch nicht behaupten. Hier die Vor- und Nachteile:

UST – pro und contra:

+ hoher Schutz gegen Durchschläge, etwas geringerer Rollwiderstand als Standardreifen, etwas höherer Komfort als Standardreifen

– etwas höheres Gewicht, Luftdichtheit der Felge ist nicht immer gewährleistet, höherer Preis

Mit dem richtigen Schlauch können Sie die Performance Ihres Reifens komplett verändern:

Leichtschläuche, die nur etwa 100 Gramm wiegen (ein Standardschlauch wiegt 180 Gramm), verbessern die Beschleunigung und verringern den Rollwiderstand. Die erste Wahl für ein Marathon-Rennen – aber nur, wenn die Strecke frei von Dornen und grobem Geröll ist.

Haben Sie öfters als andere einen Platten? Dem können Sie mit massiveren Schläuchen entgegenwirken. So genannte »**Downhill-Schläuche**« (300–650 Gramm) erhöhen den Pannenschutz, ohne dass Sie neue Reifen kaufen müssen. Natürlich erhöht sich aufgrund der höheren Walkarbeit der Rollwiderstand des Reifens enorm.

32,2 Watt 31,7 Watt

Dick rollt besser

❶ Rollwiderstand Schwalbe Little Albert (2.1 Zoll)
❷ Rollwiderstand Schwalbe Fat Albert (2.3 Zoll)

Kaum zu glauben – der dickere (und schwerere) Reifen rollt leichter. Die Erklärung: Im Querschnitt gesehen, ist der kleinere Reifen »spitzer«. Er berührt den Boden mit der größeren Fläche (so genannte Aufstandsfläche). So entsteht mehr Reibung. Mit dickeren Reifen rollen Sie also komfortabler, pannensicherer und leichter durch ebenes Gelände. Wird das Terrain wellig, schlägt allerdings die Schwerkraft gnadenlos zu: Weil der dickere Reifen schwerer ist, benötigt er deutlich mehr Energie beim Rollen und Beschleunigen.

PEDALE: TRITTBRETTER

Die wichtigste Verbindungsstelle Mensch – Maschine ist das Pedal. Hier wird die meiste Kraft übertragen. Dem Bike-Neuling stellen sich zwei Alternativen: feste Bindung per Klickpedal oder lockere Liaison auf der Bärentatze.

Bärentatze? Ja, eigentlich ein ganz passendes Synonym für das breite Mountainbike-Pedal, das sich in die Schuhsohle krallt wie die Klaue eines Raubtiers. Besser ins Bild des gut ausgerüsteten Mountainbikers passt allerdings das Klickpedal, das dem Fuß – ähnlich der Bindung beim Ski – festen Halt gibt.

Beide Systeme haben verschiedene Klientelen: Wer Rennen fährt oder auf längeren Bergauf-Passagen kein Watt an Energie verschwenden will, wählt das Klickpedal. Wer seine Fahrtechnik verfeinern will und im Bikepark gern den Notausgang wählt, fährt Bärentatze.

Auch zahme Tourenfahrer finden Gefallen am Klickpedal, denn ihnen kommt es ebenfalls mehr auf effiziente Kraftübertragung als auf Sicherheit bei gewagten Manövern an. Wer ein Plus an Sicherheit möchte, greift zu Plattformpedalen. Hier ist der Klickmechanismus von einem Metallkäfig umgeben. Die Pedalfläche ist größer. Egal, wie man hineintritt: Man findet intuitiv in den Mechanismus hinein. Nervöses Hakeln, wie bei schmalen Renn-Klickies, bleibt aus.

Bedenken Sie bei beiden Sorten von Pedalen: Sie sind Teamworker. Nur zusammen mit den entsprechenden Schuhen funktioniert das System. Bei Bärentatzen muss die

Sohle griffig genug sein, um gut zu haften. Zu weiche Sohlen (z. B. von Joggingschuhen) verschleißen sehr schnell. Außerdem drückt das Pedal sonst schmerzhaft am Fuß.

Klickpedalschuhe sind Spezialisten: Ihre Sohle ist bretthart. Sie ist vorbereitet für den »Cleat«, einen Metallzapfen, der die Verbindung mit dem Pedal herstellt. Die harte Sohle bewirkt ein definiertes Ein- und Ausklicken. Außerdem übertragen harte Sohlen die wertvolle Muskelkraft besser. Vor allem Rennfahrer wissen das zu schätzen.

Bärentatzen

Wer sich für diese Art des Tretens entscheidet, muss lediglich darauf achten, dass das Profil bissig genug ist. Ein hochwertiges Pedal erkennt man an austauschbaren Metallstiften (»Pins«), die sich in die Schuhsohle beißen. Gut sind auch austauschbare Industriekugellager, denn das Pedal ist ein Verschleißteil. Zum Üben beim Fahrtechnik-Training ist die Bärentatze sehr zu empfehlen, denn man kann sich damit schneller vom Bike lösen: Einfach das Bike nach vorne schieben. Außerdem funktionieren Übungen, die mit der Bärentatze erlernt worden sind, mit Klickpedalen erst recht, denn mit der Bärentatze müssen sich die Füße verkeilen, damit der Biker sicher steht. Klappt der Bunny-Hop mit Bärentatze, so wird es mit Klickpedalen ein Kinderspiel.

Vorteile:
- Fahrtechnikschulung
- Sicherheit für Anfänger und Extremisten
- mit herkömmlichen Schuhen fahrbar
- unempfindlich gegen Schmutz

Nachteile:
- schlechtere Kraftübertragung
- meist schwer

Klickpedale

Hier hat man die Wahl zwischen verschiedenen Systemen, die aber alle auf dem gleichen Grundprinzip basieren: Von Federn gespannte Haltebacken nehmen eine Metallplatte (»Cleat«) auf. Der »Cleat« ist mit den Schuhen verschraubt. Das System funktioniert so sicher und zuverlässig wie eine Skibindung. Nur auf zähen Schlamm reagieren Klickpedale empfindlich. Erfinder und Marktführer ist mal wieder Shimano mit seinem bewährten, robusten SPD-System. Diese Pedale können zehn Jahre lang halten. Man muss allenfalls die »Cleats« nach ein paar Jahren austauschen. Ähnlich gut funktionierten die Kopien von VP, WPD und Ritchey. Die Systeme von Look und Crankbrothers sind ähnlich, unterschieden sich allerdings stark durch die Form der »Cleats« beziehungsweise den Schnappmechanismus.

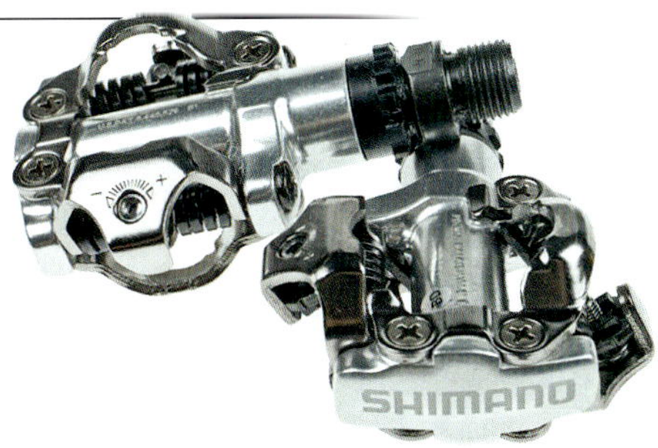

Vorteile:
- gute Kraftübertragung
- sichere Verbindung zum Bike

Nachteile:
- gewöhnungsbedürftig
- empfindlich gegen Schmutz

Die Systeme im Vergleich

Das Look-System hat sich bereits etliche Jahre auf dem Markt bewährt und viele Liebhaber gefunden. Es ist deutlich unempfindlicher gegen Schmutz. Zudem haben die Füße mehr seitliche Bewegungsfreiheit, was Kniepatienten entgegenkommt.

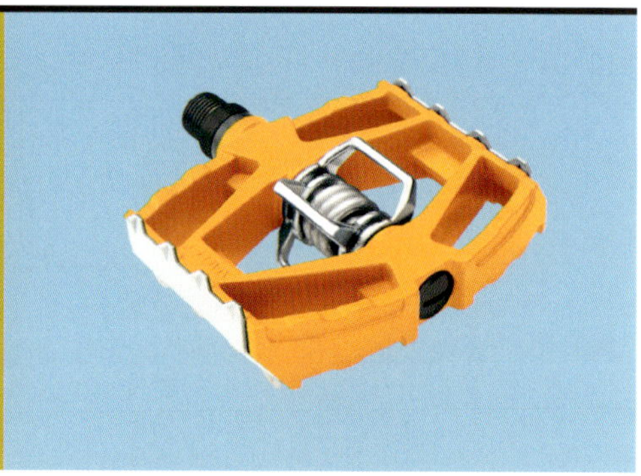

Innen Klickmechanismus, umringt von einem Metallkäfig. So genannte Plattformpedale sollen die Vorteile von Bärentatzen- und Klickpedale vereinen.

Die Sohle von speziellen Klickpedalschuhen ist auf die Aufnahme der Cleats vorbereitet. Sie besitzt zudem einen harten Plastikkern, der ein definiertes Gefühl beim Ein- und Ausklicken ermöglicht. ▶

Das Ausklicken ist denkbar einfach: Man muss nur den Fuß nach außen drehen. Bei allen Klickpedaltypen ist die Auslösehärte fein justierbar. Allerdings sollte man das Ausklicken in Ruhe üben, bevor man sich ins Gelände wagt.

Shimano bietet auch Cleats für Einsteiger an, die sowohl zur Seite als auch (bei starkem Zug) nach oben auslösen. Sobald man dem Übungsstadium entwachsen ist, sollte man jedoch auf Standard-Cleats wechseln.

LENKER, VORBAU, GRIFFE: STEUERZENTRALE

Hier laufen alle Fäden zusammen: Lenken, Bremsen und Schalten. Der Lenker ist die feinmotorische Schaltstelle – deshalb muss hier alles stimmen.

Zwei Größen entscheiden darüber, wie Ihnen das Bike »in der Hand« liegt: die Länge des Vorbaus und die Lenkerbreite.

Der Vorbau bestimmt maßgeblich, wie weit der Oberkörper über dem Vorderrad positioniert ist. Damit wird das unscheinbare Teil zum Dreh- und Angelpunkt der Bike-Geometrie. Sowohl die Sitzposition als auch das Lenkverhalten hängen von diesem Teil ab.

Die Länge des Vorbaus bestimmt, wie sensibel das Mountainbike auf Lenkbefehle reagiert. Tendenziell gilt: Ein langer Vorbau (über 100 Millimeter) macht das Lenkverhalten träger, je kürzer das Bauteil ist, desto agiler lässt sich das Bike steuern.

Gleichzeitig ist der Vorbau die Verlängerung des Oberrohrs: Ein langer Vorbau bringt den Fahrer in eine gestrecktere Sitzposition, so wie es viele Marathon- und Cross-Country-Fahrer mögen. Im Notfall lässt sich mit einem längeren Vorbau ein eigentlich zu kleiner Rahmen für einen großen Fahrer anpassen.

Der Winkel (also die Steilheit) des Vorbaus spielt vor allem für die Sitzposition eine Rolle – je steiler (über 30 Grad), desto bequemer sitzt der Fahrer auf dem Bike. Gut für Biker mit Rückenbeschwerden und Tourenfahrer mit schwerem Rucksack. Gleichzeitig lastet weniger Gewicht auf dem Vorderrad – nicht optimal für das Handling des Bikes.

Schmuckstück: Vorbauten sind nicht nur als Geometrie-Tuning geeignet. Sie können auch Gestaltungsmittel sein.

Turmbau zu Babel: »Spacer« zur Feinjustage der Lenkerhöhe.

Kurzer Vorbau (bis 100 Millimeter)
- agiles Lenkverhalten
- gemütlichere Sitzposition
- eventuell geringere Steigfähigkeit beim Uphill

Langer Vorbau (über 100 Millimeter)
- gestrecktere Sitzposition
- trägeres Lenkverhalten
- gute Klettereigenschaften
- eventuell Überschlagsgefühl bergab

Der Königsweg: Die variable Lenker-Vorbau-Kombi »VRO« von Syntace ermöglicht es, in aller Ruhe die optimale Position zu finden.

Der Lenker: Zauberstab

Eigentlich nur eine Metallstange, aber mit enormem Einfluss aufs Fahrverhalten. In den vergangenen Jahren sind die Lenkstangen immer breiter geworden. Ein Trend, der von radikalen Freeridern und Downhillfahrern angestoßen wurde und den auch Cross-Country-Fahrer begeistert aufgenommen haben. Der Grund: Ein breiter Lenker erlaubt es, dank seines längeren Hebels, die Lenkmanöver mit weniger Kraft zu steuern. Zusätzlich stützen sich die Schultern breiter ab – nur so kann der Biker die optimale Fahrposition einnehmen.

Lenker, die schmaler als 60 Zentimeter gebaut sind, sollten sich nur noch zierliche Fahrer ans Bike schrauben. Als Minimum gilt: Schulterbreite plus zehn Zentimeter.

An Freeride- und Enduro-Bikes sind »gekröpfte«, also nach oben gebogene Lenker mittlerweile zum Standard geworden. Sie beeinflussen das Fahrverhalten so, als sei ein steilerer Vorbau montiert: Der Fahrer sitzt etwas aufrechter, hat weniger Überschlagsgefühle in steilen Passagen. Doch Vorsicht: Wird das Vorderrad zu sehr entlastet, leidet das Fahrverhalten: Das Bike neigt dann in Kurven zum Untersteuern, der Vorderreifen schmiert unkontrolliert weg.

Gekröpfter Lenker: Meist etwas schwerer, bieten diese Lenker ein Plus an Fahrsicherheit und Kontrolle.

Griffe: Schraubbare Griffe erlauben schnellen Wechsel, sind aber relativ teuer.

Hörnchen: Früher trendiges Tuning-Teil, sind sie heute rar geworden. Schade eigentlich, denn Touren-, Cross-Country- und Marathon-Fahrer freuen sich über die Vielfalt an Griffpositionen und mehr Druck auf dem Vorderrad beim Uphill. Vorsicht: Ein mit Hörnchen bestückter Lenker hat vier Zentimeter weniger Griffbreite!

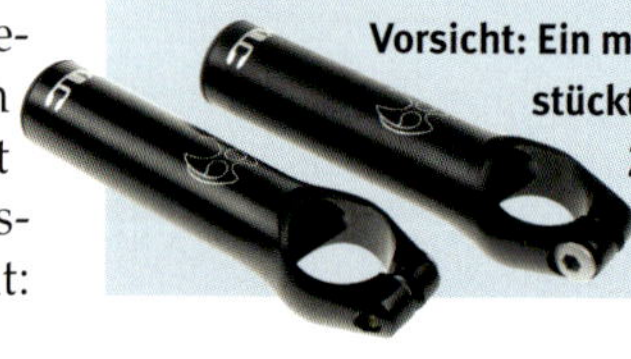

Für Rennfahrer sind Hörnchen ein wichtiges Utensil: Sie bieten Abwechslung auf langen Renndistanzen und verleihen dem Bike ein besseres Kletterverhalten.

SATTEL: SITZKISSEN

»Radfahren macht impotent!« Wo diese Schlagzeile auftaucht, wissen wir: Der Autor ist nicht auf dem neuesten Stand. Schließlich gibt es etwa 200 Sattelmodelle auf dem Markt.

Erst vor kurzem kam den Sattelherstellern die Einsicht: »Frauen sind die kleineren Männer.« Ergo: Spezielle, breite Damensättel sind überflüssig. Bei beiden Geschlechtern kommt es gleichermaßen darauf an, dass die Weichteile geschützt sind. Deshalb soll unser Gewicht dorthin verlagert werden, wo unser Körper darauf ausgelegt ist: auf die Beckenknochen.

Einen Sattel, der vor Sitzbeschwerden schützt, erkennt man also vor allem daran, dass die eigentliche Sitzfläche leicht erhöht

zu schmaler Sattel **optimale Sattelbreiten**

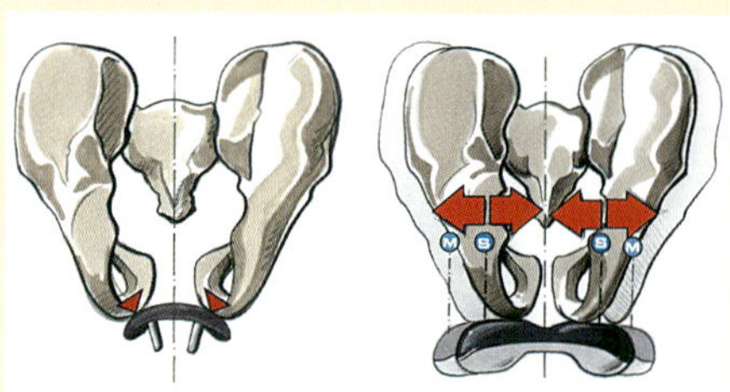

Das linke Modell bietet den Sitzhöckern zu wenig Auflagefläche. Das Resultat: Gewebe wird gestaucht, es entstehen Taubheitsgefühle oder gar wunde Stellen. Erst wenn das Körpergewicht senkrecht auf der Sitzfläche lastet (rechte Zeichnung), ist schmerzfreies Sitzen möglich.

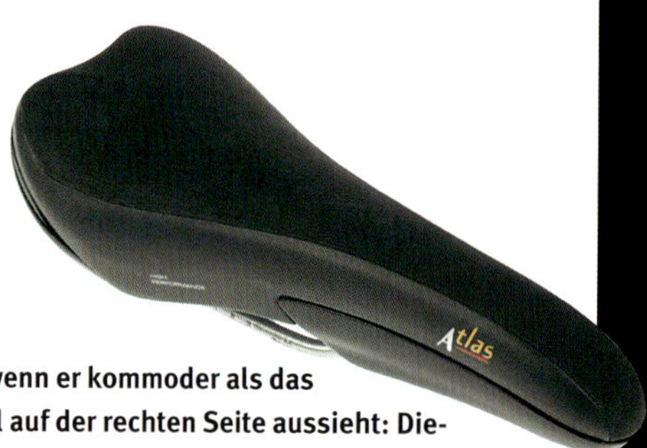

Auch wenn er kommoder als das Modell auf der rechten Seite aussieht: Dieser Sattel bietet mit seiner schmalen Kontur nur sehr schmalen Becken genügend Abstützfläche.

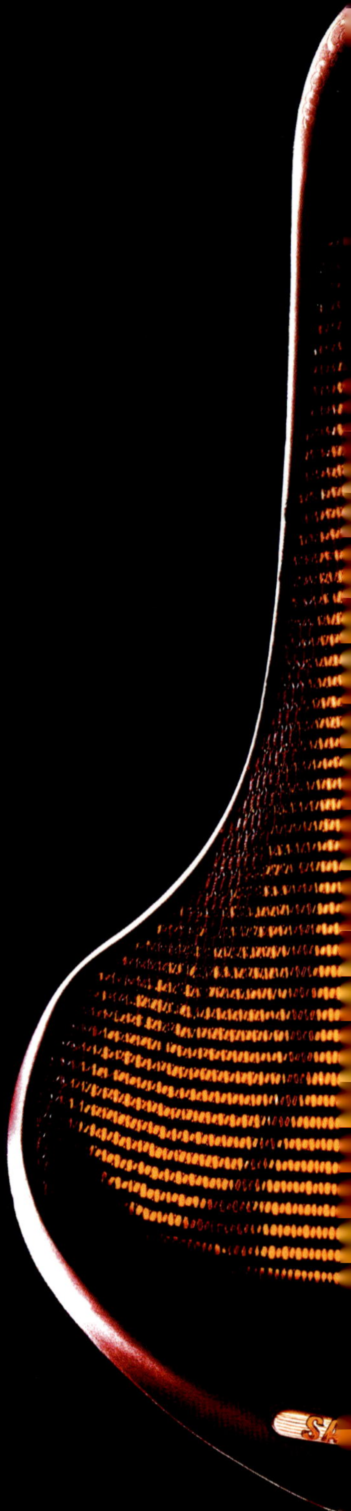

Der Sattel als Steuerknüppel: Als fünfter Kontaktpunkt trägt der Sattel zur sicheren Fahrweise bei.

ist und eine Aussparung die Weichteile vor Quetschungen schützt.

Auch wenn es noch so verlockend ist: Lassen Sie die Finger von superbreiten, soft gepolsterten Sitzkissen! Eine zu weiche Polsterung ist schnell durchgesessen, wie ein billiges Sofa. Dann sitzt man auf der harten Plastikschale. Außerdem verwässert eine weiche Polsterung die Druckverteilung. Zwar wird das Gewicht auf eine große Fläche verteilt, man sitzt aber eben auch auf den Weichteilen.

Ideal ist es, wenn man im Bikeshop einige Modelle Probe sitzen kann oder sich der Händler überreden lässt, verschiedene Modelle zum Probefahren auszuleihen.

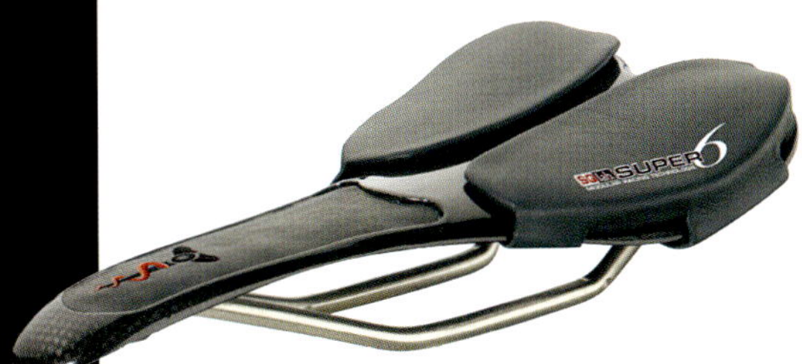

Kein Schmu: Auch wenn er spartanisch aussieht – dieser Sattel ist der gemütlichere. Der Grund: Das Körpergewicht wird exakt auf die Sitzknochen geleitet, der Dammbereich ist ausgespart.

Fahrtechnik

Technik nicht nur am Bike, sondern auch noch beim Fahren? Ja! Denn wenn Sie nur ein paar Punkte beachten, haben Sie gleich mehr Spaß beim Biken – ohne schmerzhafte Experimente.

Gut Mountainbiken bedeutet mehr, als mit dicken Gängen den Gipfel zu stürmen und nahezu ungebremst hinunterzudonnern – Biken ist mehr als viele andere Sportarten Kopfsache, und gerade die mentale Seite ist für viele der größte Reiz an unserem Sport. Schließlich wartet im Idealfall die Einheit von Natur und Geist: Alles andere wird ausgeblendet – was zählt, ist der Moment. Entsprechend zahlt es sich aus, wenn man sich nur ein paar wenige Gedanken zu den grundlegenden Bewegungen auf dem Bike macht.

Ein Biker muss Schaltung und Bremsen im Griff haben und gleichzeitig die nächste Kurve richtig ansteuern. Selbst bei einer so einfachen Fahrsituation kommt einiges zusammen. Und gerade deshalb lässt sich mit einer effizienten Fahrtechnik viel Energie sparen.

Auch Cross-Country-Rennfahrer und Marathonspezialisten haben das erkannt. Kein Wunder, dass viele von ihnen ihr Gerät so gut beherrschen wie Downhillprofis.

Das Tolle, wenn man sich mit Fahrtechnik beschäftigt: Es wird nie langweilig! Stets gibt es eine Bewegung zu verfeinern, einen neuen Trick zu lernen. Und das geht immer! Auch in der Tiefgarage, wenn es draußen regnet. Wenn Sie allein auf Tour sind, streuen Sie einfach mal eine der folgenden Übungen ein.

Nicht zuletzt bewahrt Sie Ihre Fahrtechnik vor Stürzen, denn Mountainbiken ist eine Risikosportart. Wer leichtsinnig im Gelände unterwegs ist, riskiert hässliche Verletzungen. Schnell flimmern mehr als 30 km/h auf dem Tacho – Geschwindigkeiten, für die unser Körper schon nicht mehr ausgelegt ist. Und eine Knautschzone, wie es sie beim Auto gibt, bietet allenfalls unser Vorderrad. Haben Sie jedoch Übungen wie »Bremsen« und »Kurvenfahren« verinnerlicht, sind die Bewegungen automatisiert – auch dann, wenn nach einer anstrengenden Tour plötzlich ein Traktor in der Kurve auftaucht.

Die abgebildeteten Übungen hat Stefan Herrmann konzipiert. Er ist der erfahrenste Fahrtechnik-Trainer in Deutschland und hat etliche Cross-Country- und Downhill-Rennfahrer betreut.

Vorbereitung – stimmt die Einstellung?

Dass Ihre Einstellung zum Biken stimmt, unterstellen wir jetzt einfach mal. Wichtig für einen eleganten, Kraft sparenden Fahrstil ist jedoch auch, dass Ihr Bike richtig vorbereitet ist.

HIER EIN SCHNELLER CHECK-UP

Sattelhöhe: Nicht nur, um Knie- und Rückenschmerzen zu vermeiden, sollten Sie die Sattelhöhe möglichst genau justieren – nur mit der richtigen Höhe bringt man ordentlich Druck aufs Pedal. Die Justierung ist denkbar einfach. Die richtige Sattelhöhe ist erreicht, wenn Ihre Ferse bei ausgestrecktem Bein und senkrechter Kurbel das Pedal erreicht.

Sattelposition: Der Sattel lässt sich nicht nur in der Höhe, sondern auch in der Horizontalen einstellen. So lassen sich Knieprobleme ausschließen. Die optimale Position ist erreicht, wenn ein Senklot vom Tibiakopf (unterhalb der Kniescheibe) durch die Pedalachse fällt. Die Messung wird bei waagerechten Kurbeln durchgeführt.

❶ Lenkzentrale

Abgesehen von der richtigen Lenkerbreite und Vorbaulänge gibt es noch ein wenig Fein-Tuning an der Lenkstange: Wenn Sie die Bremshebel ein Stückchen zur Lenkermitte schieben, greifen Sie die Hebel von weiter außen und erhöhen damit Ihre Handkraft. Außerdem können Sie die Hebelweite justieren, falls Sie besonders kleine oder große Finger haben.

❷ Fingerschutz

Bike-Handschuhe mit langen Fingern bieten optimalen Schutz vor kleinen Ausrutschern. Auch vorbeifliegende Dornbüsche können Ihnen so nichts mehr anhaben.

❸ Notausstieg

Ein gutes Argument für Bärentatzenpedalen liefert dieses Bild. Ohne diese läge der Fahrer nämlich auf dem Rücken. Wenn Sie bei den folgenden Übungen im Hinterkopf behalten, dass Sie das Bike jederzeit hinterrücks verlassen können, indem Sie es nach vorne stoßen, baut das vielleicht die eine oder andere Hemmschwelle in Ihrem Kopf ab.

❹ Kind sein

Spielen Sie ruhig mal eine Runde Flaschenkick, wie der Fahrer auf dem Bild es tut. Spielereien lockern das Verhältnis zum neuen Sportgerät. Eine gute Partnerübung ist die Blindfahrt: Ein Lotse geht neben Ihnen her und gibt Kommandos, während Sie mit verschlossenen Augen auf dem Bike rollen. Nur auf den Tast- und Hörsinn gestellt, werden Sie das Bike völlig neu wahrnehmen.

TIPPS:

- Am saubersten lernen Sie die Fahrtechnik, wenn Sie Pedale ohne Klickmechanismus benutzen. Dann ist Pfuschen (wie z. B. beim Bunny-Hop) unmöglich. Schienbein- und Knieprotektoren vermeiden Verletzungen beim Abrutschen von den Pedalen – für die fortgeschrittenen Fahrmanöver.
- Senken Sie den Sattel um einige Zentimeter ab. So haben Sie mehr Bewegungsfreiheit und Sicherheit auf dem Bike. Das Gleiche gilt auf Tour: Mit herabgelassenem Sattel macht die Abfahrt doppelt so viel Spaß.

Schalten und Walten

Es braucht ein bisschen Routine, bis man souverän im Getriebe eines Mountainbikes rühren kann. Mit Weitblick zu fahren, erleichtert die Sache unheimlich. Damit sich die Kette nicht verhaspelt, sollte man bereits vor einer Rampe ein paar Gänge zurücknehmen. Denn auch Hightech-Schaltungen reagieren sensibel auf brachiale Lastwechsel. Ab einer gewissen Tretkraft verweigern sie schlicht ihre Funktion. Je nach System erfordert das Schalten unterschiedliche Handgriffe. Ein Prinzip ist stets gleich: Links werden die drei Kettenblätter geschaltet, der rechte Hebel befehligt die neun hinteren Ritzel. Hier die weiteren Details:

Shimano Rapidfire: Mit dem Daumen (unterer Hebel) liften Sie die Kette hoch. Mit dem Zeigefinger (oberer Hebel) lösen Sie die Zugspannung – die Kette fällt einen Gang tiefer. Bei Inverse Shifting (erhältlich bei »XT« und »XTR«) ist die Schaltlogik umgekehrt.

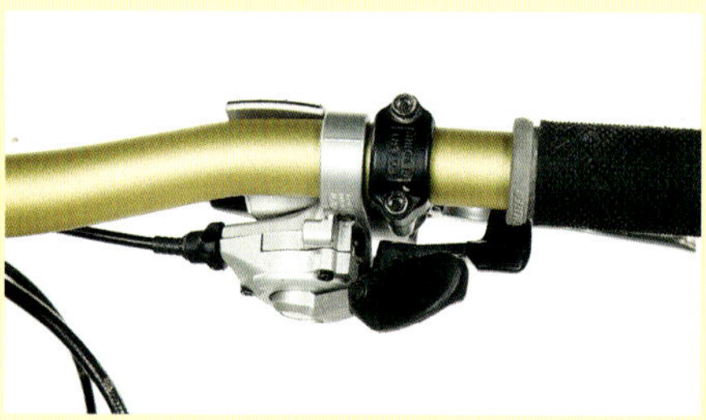

Shimano Dual Control: Drücken Sie den Bremshebel hoch, hüpft die Kette einen Gang hinab. Um einen Gang zuzulegen, müssen Sie den Hebel hinunterdrücken.

SRAM Trigger: Hier brauchen Sie nur den Daumen. Wenn Sie den vorderen Hebel drücken, fällt die Kette ein Ritzel tiefer. Mit dem hinteren Hebel befördern Sie sie hinauf.

SRAM Drehgriff: Im Uhrzeigersinn gedreht, geht es einen Gang hinab.

Arbeitskleidung

Geben mehr Sicherheit für neue Bewegungen: Armprotektoren. Wichtig beim Kauf: Sie sollten möglichst leicht und luftdurchlässig sein.

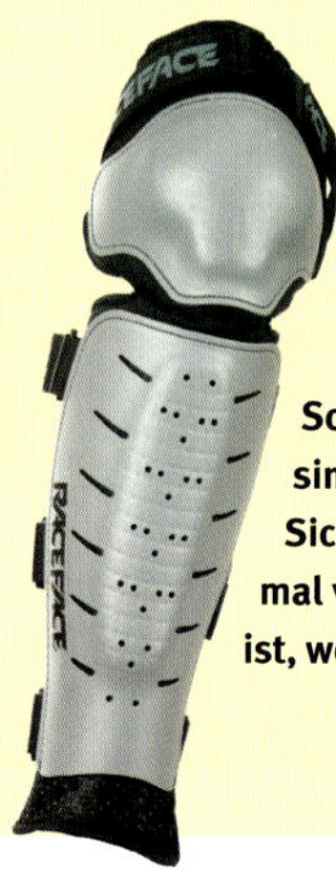

Schienbeinprotektoren sind das wichtigste Sicherheitsutensil. Wer ein mal vom Pedal abgerutscht ist, weiß das.

Grundposition

Auf dem ebenen Schotterweg und beim Uphill sitzt man selbstverständlich im Sattel. Sobald es uneben wird, ist ein aktiver Fahrstil wichtig. Das bedeutet: Raus aus dem Sattel!

Unser Ziel ist es dabei, eine ideale Gewichtsverteilung zu erreichen, sodass Vorder- und Hinterrad gleichmäßig belastet sind. Die Hüfte ist dafür unser Indikator: Steht sie über dem Tretlager, stimmt die Balance. Zusätzliche Fahrstabilität verleihen uns leicht gebeugte Arme und fast gestreckte Beine. Wenn die Schulter über dem Lenker steht, sind die Arme die Verlängerung unserer Federgabel. So schlucken wir locker alle Unebenheiten. Die Grundposition ändert sich leicht mit dem Gefälle: Je steiler das Gelände, desto weiter wandert die Hüfte hinter das Tretlager.

Sobald das Gelände sportlich wird: auf in die Grundposition!

TIPPS:

- Rollen Sie entspannt in der Ebene. Wenn Sie auf den Vorbau spucken könnten, stimmt der Schwerpunkt.
- Rollen Sie in der Ebene und verschieben Sie langsam den Schwerpunkt von hinten nach vorne, um ein Gefühl für das Bike zu bekommen.

Wird das Gelände steil, wandert der Schwerpunkt langsam nach hinten. Aber nicht zu weit!

Balancieren

Wer gut fahren will, muss auch gut stehen können. Die Balance verleiht uns Übersicht im Gelände. Die Übung ist ganz leicht und lässt sich auf dem Singletrail immer wieder umsetzen: Rollen Sie in der Grundposition und bremsen Sie langsam ab, bis Sie zum Stehen kommen. Versuchen Sie, eine Weile stehen zu bleiben. Dann öffnen Sie wieder die Bremse.

Auch im Stand können Sie Ihr Balance-Gefühl trainieren. Ideal ist eine Wand, an die Sie Ihr Vorderrad lehnen, während Sie im Sattel sitzen. Dann stehen Sie langsam auf und versuchen, das Gleichgewicht allein dadurch zu halten, dass Sie das Vorderrad ge-

Wichtig auch beim Balancieren: eine entspannte Grundposition.

gen die Wand drücken. Wer auch das beherrscht, versucht frei zu balancieren, bis er die Bremsen nicht mehr zu Hilfe nehmen muss.

TIPPS:

Rollen Sie leicht bergab und verschieben Sie das Bike langsam von links nach rechts. Versuchen Sie dabei Kurs zu halten.

An einer leichten Steigung kommt man am leichtesten in den freien Stand.

Gebeugte Arme stabilisieren die Haltung. Schläge von unten federn Sie so locker ab.

Bremsen

Ähnlich wie beim Auto überträgt auch beim Bike die Vorderbremse bis zu 80 Prozent der gesamten Bremskraft. Tasten Sie sich erst einmal langsam an den Punkt heran, an dem das Hinterrad blockiert. Dann haben Sie ein Gefühl dafür, wie die Stopper reagieren. Im Gelände sollten wir auf blockierende Reifen verzichten, weil wir so keine Bremskraft übertragen können. Viel schlimmer noch: Ein blockiertes Hinterrad bricht aus und wird unkontrollierbar. Die nächste Übung: Bringen Sie Ihr Vorderrad zum Blockieren. Hier ist etwas mehr Vorsicht angebracht. Verlagern Sie dabei den Schwerpunkt ein wenig nach hinten, um der Massenträgheit entgegenzusteuern. Variante: Lassen Sie das Hinterrad steigen, indem Sie Ihren Schwerpunkt (Hüfte) kurz nach vorn schieben.

Letzter Schritt: Wir setzen beide Bremsen bis zum absoluten Stillstand ein. Dabei versuchen wir, immer fester in die Hebel zu packen und den Bremsweg damit zu verkürzen.

TIPPS:

Meist reicht ein Finger zum Bremsen. Mehr als zwei sollten Sie nicht vom Lenker nehmen, sonst haben Sie zu wenig Stabilität für spontane Lenkmanöver.

Üben Sie zunächst auf Asphalt, bevor Sie sich auf losen Untergrund wagen.

Das Beherrschen der Bremsen ist überlebenswichtig in Notfällen. Tasten Sie sich spielerisch heran.

Anlieger mit ordentlicher Schräglage fahren: der Himmel für Mountainbiker.

Kurven fahren

Die meisten Biker verschenken Speed und Sicherheit durch schlechte Kurventechnik. Sie driften, strecken ihre Beine aus und stehen schließlich am Kurvenausgang. Wer mit Köpfchen in die Kurve steuert, kann ordentlich Speed mitnehmen.

Ausgangspunkt ist die Grundposition mit leicht gebeugten Ellenbogen.

1. Versuchen Sie, das Bike unter sich hin- und herzubewegen. Die Schultern bleiben ruhig, nur die Arme drücken das Bike von links nach rechts. Steuern Sie nach links, strecken Sie den linken Ellenbogen und winkeln den rechten umso mehr an.
2. Die Linienwahl ist bei jeder Kurve die gleiche. Egal, ob weite Schotter- oder alpine Haarnadelkurve: Wir versuchen, den Radius zu vergrößern, damit wir keine aggressive Linie fahren müssen. Also: Weit außen anfahren, durch den Scheitelpunkt steuern und langsam nach außen tragen lassen.
3. Überblick: Wenn es auf die Kurve zugeht, versuchen Sie bereits am Kurveneingang, das Kurvenende anzupeilen. Ihre Bewegung wird unwillkürlich Ihrem Blick folgen – so kommen Sie flüssig um die Ecke.

TIPPS:

- Wenn Sie Einsteiger sind: Achten Sie auf eine waagerechte Kurbelstellung. So ist Ihr Gewicht optimal austariert. Fortgeschrittene bringen mehr Druck aufs Bike, wenn sie das kurvenäußere Pedal zum Boden drücken.
- Neben Pedale und Lenker können Sie Ihr Bike über den Sattel kontrollieren. Hier erhalten Sie Rückmeldungen über die Schräglage und die Bodenhaftung.

Kurve weit außen ansteuern: Überblick über den weiteren Verlauf schaffen!

Jetzt schon den Kurvenausgang anvisieren; das Bike folgt dem Blick wie von selbst.

Jetzt durchfahren Sie den Scheitelpunkt. In engen Turns kann man jetzt die Hinterbremse ziehen.

Kurvenausfahrt: maximalen Radius nutzen, um die Fliehkräfte zu verringern.

Bunny-Hop

Hier beginnt die höhere Schule des Mountainbikens: Wer den Bunny-Hop beherrscht, springt auch bei voller Fahrt locker über Äste und macht ordentlich Eindruck. Um die relativ komplexe Bewegung zu lernen, zerlegt man sie am besten in zwei Phasen. Das Gute: Auch wenn es mit dem Bunny-Hop nicht auf Anhieb funktioniert, können Sie jede einzelne Stufe der Bewegung schon sinnvoll im Gelände anwenden.

1. Vorderrad anziehen: Fahren Sie in der Grundposition auf der Ebene. Beugen Sie die Ellbogen und führen Sie die Brust Richtung Lenker. Nun gehen Sie in die Streckung und ziehen das Vorderrad dabei hoch.

2. Hinterrad anheben: Versuchen Sie einmal, im Stand das Hinterrad zu heben. Sie müssen dabei zwischen Lenker und Pedal eine gewisse Körperspannung aufbauen. Nun versuchen Sie das Gleiche während der Fahrt. Tipp: Das Hinterrad bewegt sich leichter gen Himmel, wenn Sie Ihren Schwerpunkt kurz nach vorn verlagern.

3. Heben Sie das Vorderrad an. Noch bevor das Vorderrad den Boden touchiert, folgt das Hinterrad wie von Geisterhand. Glückwunsch!

Absätze

Für viele beginnt das Biken erst dort richtig, wo es steil hinabgeht. Die Technik, um steiles Gefälle zu meistern, ist nicht sonderlich schwierig. Was zählt, ist vor allem die Entschlossenheit.

Bevor Sie eine höhere Stufe angehen, können Sie checken, ob Ihr Bike aufsetzt. Bleibt es hängen, haben Sie zwei Möglichkeiten: Sie lassen es bleiben oder setzen mit einem beherzten Sprung hinüber.

Vor Schlüsselstellen, wie einer Stufe, sollten Sie langsam in der Grundposition anrollen. Die Geschwindigkeit muss passen, bevor es knifflig wird. Dann brauchen Sie sich darum nicht mehr zu kümmern, wenn die Situation Ihre ganze Aufmerksamkeit verlangt.

Sobald das Vorderrad in die Neigung geht: Schieben Sie die Hüfte im gleichen Maße über den Sattel nach hinten. Passen Sie diese Bewegung dem Gefälle an.

TIPPS:

- Wer sich unnötig zu weit nach hinten lehnt, ist mehr Passagier als Fahrer. Zum effektiven Steuern lastet dann zu wenig Druck auf dem Vorderrad.
- Auch eine Bordsteinkante ist ein Absatz. Üben Sie ruhig einmal zwischendurch vor der Haustür.

Mit Schrittgeschwindigkeit und gebeugten Armen anrollen ...

... die Arme impulsiv strecken. Das Vorderrad folgt der Bewegung ...

... der ganze Körper strebt senkrecht nach oben ...

Vor der Anfahrt checken, ob das Tretlager nicht an der Kante aufsetzt.

Das Vorderrad überrollt die Kante. Die Arme strecken sich, gleichen die Senke aus.

Die gebeugten Arme sind jederzeit aktionsbereit. Der Körperschwerpunkt ist weit hinter dem Sattel.

Die Ebene ist erreicht. Der Fahrer geht sofort wieder in die Grundposition.

. das Hinterrad zieht von selbst nach. ie Hüfte gibt einen Impuls nach vorn ...

... das Vorderrad sinkt. Die Arme gehen in Beugehaltung ...

... das Hindernis ist überquert. Arme und Beine landebereit.

Starten am Berg

Beim Uphill braucht man nicht viel zu beachten: Augen zu und durch. Knifflig kann es werden, wenn das Hinterrad doch mal die Traktion verliert und man im Gefälle wieder aufs Bike steigen will. Hier hilft es, das Bike quer zum Hang zu »parken«. So hat man wenigstens für ein paar Zentimeter kein Gefälle und kann ordentlich beschleunigen. Außerdem kann man bequem von oben in den Sattel steigen.

Springen

Auch schon bei kleinen Hüpfern sollte man die richtige Technik anwenden. So hat man das Bike bei jeder Geschwindigkeit locker im Griff und kann sich langsam bis hin zu ausgewachsenen Sätzen steigern. Ausgangspunkt für die Anfahrt ist auch hier die Grundposition mit leicht gebeugten Ellenbogen.

1. Bauen Sie bei der Anfahrt eine Spannung auf, indem Sie die Ellbogen tief beugen. Fahren Sie nicht überhastet an.
2. An der Absprungkante strecken Sie die Arme durch. Das erzeugt einen kräftigen Absprungimpuls. Der Blick visiert schon beim Absprung die Landung an. Steigern Sie langsam Tempo und Zugkraft. Dies sind Ihre Steuerparameter für die Weite des Sprungs.
3. Flugphase: Schieben Sie langsam die Hüfte nach vorne, um das Vorderrad kontrolliert absenken zu lassen.
4. Vor der Landung sind Sie wieder in der Grundposition. Arme und Beine sind bereit, als Verlängerung der Federung, den Stoß abzufedern.
5. Ideal ist die Landung, wenn beide Räder gleichzeitig aufsetzen. Wem das unangenehm ist, setzt das Hinterrad zuerst auf.

TIPPS:

- Eine kontrollierte Absprungbewegung lässt sich schon an einer Bordsteinkante üben.
- Die Absprungbewegung muss flüssig und ohne Anstrengung sein. Sonst könnte das Vorderrad verreißen.

Beim Absprung: Arme strecken.

In der Luft wandert die Hüfte leicht nach vorne.

Jetzt ist der Schwerpunkt in Grundstellung.

Arme und Beine federn die Landung ab.

SO WERDEN SIE SCHNELLER!

Nur wer auch langsam kann, wird schneller. Diesen Grundsatz der Trainingslehre mussten sich auch Ullrich & Co von ihren Trainern jahrelang anhören. Wer ihn beherzigt, dem steht alles offen: vom Cross-Country-Rennen bis zur Transalp-Challenge.

Immer wieder ist von Kohlenhydraten die Rede, wenn es um Radsport geht. Dabei ist Fett der wichtigste Energielieferant, auf längeren Distanzen. Denn selbst bei Profis reichen die Kohlenhydratvorräte kaum länger als eineinhalb Stunden. Wenn man nur auf die Zuckerbausteine vertraute, würde einem beim Marathon früh die Puste ausgehen.

Fettstoffwechsel trainieren

Ein effizienter Fettstoffwechsel ist daher das Kapital jedes Radfahrers. Und der spielt sich im unteren Pulsbereich ab, wo genügend Sauerstoff bereitsteht, um die Fettmoleküle zu verbrennen. Grundlagentraining ist der Schlüssel zum Erfolg. Auf langen Ausfahrten bei niedrigem Puls gewöhnen Sie Ihren Stoff-

Regelmäßiges, gesundes Essen beschleunigt die Regeneration und schützt vor Infekten.

Kontrolle ist wichtig

Um zu kontrollieren, ob Sie sich nicht überlasten, lauschen Sie auf Ihren Atem: Sobald Sie kurzatmig werden, sich also nicht mehr beim Fahren unterhalten können, sind Sie zu schnell. Haben Sie einen Pulsmesser, stellen Sie den Alarm auf 60 bis 75 Prozent Ihres Maximalpulses. Wenn es doch einmal piepen sollte, ist das nicht schlimm – Abwechslung steigert den Trainingsreiz. An einem kleinen Hügel brauchen Sie also nicht herunterzuschalten. Achten Sie aber darauf, dass Sie 90 Prozent Ihrer Trainingszeit im Grundlagenbereich fahren.

Ein moderner Herzfrequenzmesser hilft bei der Trainingskontrolle.

Um den Mischstoffwechsel, also das Zusammenspiel von Kohlenhydrat- und Fettstoffwechsel, zu trainieren, gibt es das verschärfte Grundlagentraining: Bei 75 bis 85 Prozent des Maximalpulses werden die Sätze bereits kürzer, die Sie mit Ihrem Trainingspartner wechseln können. An Bergkuppen dürfen die Beine dann auch mal brennen.

wechsel daran, effizient zu arbeiten. Auf Dauer verringert sich die Herzfrequenz, das körpereigene Fett schmilzt und verwandelt sich in Bewegung.

Training durch Erholung

Wichtig ist, dass Sie sich und Ihren Beinen genügend Ruhe gönnen, damit die Energiereserven wieder gefüllt werden. Dann setzen Sie Ihr Training im besten Fall auf einem höheren Niveau fort. Diese so genannte Superkompensation ist das eigentliche Ziel jeder Form von Ausdauertraining. Die Idee: Nach jedem Trainingsreiz sollten Sie sich wieder vollständig erholen, bis Sie den neuen Reiz setzen. Nach der Erholung sollte Ihr Fitnesslevel leicht angestiegen sein, sodass Sie stetig auf der Fitness-Treppe emporsteigen.

Ruhig angehen lassen: Gute Regeneration ist genauso effektiv wie regelmäßiges Training.

Einen »draufsetzen«

Power für lange Anstiege liefert Kraft-Ausdauer-Training. Der Puls liegt bei etwa 70 bis 85 Prozent des Maximalpulses. Die Trainingszeit bleibt unter einer Stunde und kann in Intervalle aufgegliedert sein. Fahren mit niedriger Umdrehungszahl schult die Beinkraft und die Trettechnik.

Bei stabiler Grundausdauer kann man auch die eine oder andere Einheit im Entwicklungsbereich einstreuen. Bei 85 bis 95 Prozent des Maximalpulses fährt man an der Grenze des Möglichen und simuliert praktisch ein Cross-Country-Rennen. Entsprechend kurz fallen diese Trainingseinheiten aus (z. B. Intervalle von drei Minuten).

Weniger ist mehr

Vor allem im hohen Pulsbereich ist von der Formel »viel hilft viel« abzuraten. Wer intensiv trainiert, ohne echte Grundlagenausdauer zu haben, braucht zu viel Zeit zur Erholung. Wer die nicht einplant, macht keine Trainingsfortschritte, sondern riskiert ein Übertraining. Die Symptome: schlechter Schlaf, Schlappheit, Leistungsverlust, extrem niedriger oder zu hoher Puls. Oft wird vergessen, dass Training nicht nur aus Bewegung besteht, sondern zu gleichen Teilen auch aus der Zeit zwischen den Trainingseinheiten: der Erholungsphase. Die Grafik links auf Seite 82 veranschaulicht dieses Prinzip der Superkompensation. Daher ist es wichtig, seinen Körper genau zu beobachten und ein Gespür für dessen Erholungsfähigkeit zu entwickeln.

Am Anfang sollten Sie nicht mehr als zwei extensive (lange, ausdauernde) Trainingseinheiten nacheinander absolvieren. Nach intensiven Belastungen (langes Fahren in hohem Pulsbereich) können Sie sofort einen oder mehrere Ruhetage einlegen. Auch Profis arbeiten selten mit mehr als drei extensiven oder zwei intensiven Trainingsblocks in Folge.

Legen Sie im ersten Jahr Ihres Trainings den Schwerpunkt auf ein solides Grundlagentraining. Vergessen Sie aber nicht: Der Körper gewöhnt sich an alles. Wer also nur im Standgas daherrollt, verliert schnell an Spritzigkeit und Kraft. Ab und zu ein Sprint mit den Kumpels verbessert auch die Grundausdauer. Für den Anfang ist ein Verhältnis von einer intensiven zu vier extensiven Trainingseinheiten ideal. Wie eine typische Trainingswoche ausschauen kann, finden Sie in der Grafik rechts unten.

Unterschätzen Sie nicht den Flüssigkeitsbedarf, das führt zu Leistungsabfall.

Superkompensation

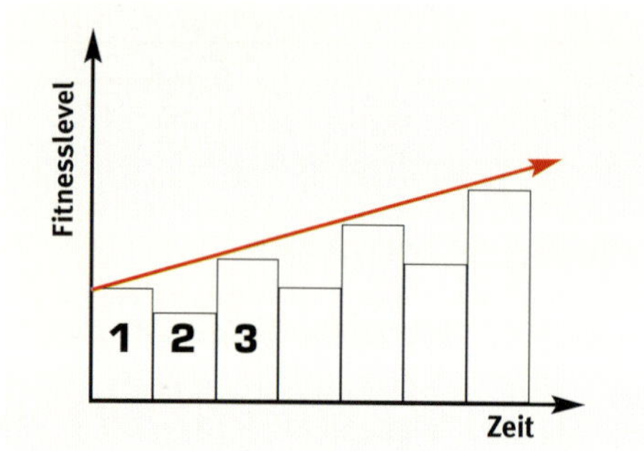

1. Das Fitnesslevel zu Beginn des Trainings.
2. Direkt nach der ersten Trainingseinheit ist Ihr Körper geschwächt: Die Muskeln sind müde, der Kohlenhydratspeicher leer. Die Infektgefahr ist jetzt am größten.
3. Erst nach ausreichender Erholung setzen Sie das Training auf einem höheren Level fort. Wenn Sie das Prinzip der Superkompensation konsequent nutzen, steigt die Fitnesskurve.

Eine Woche Blocktraining

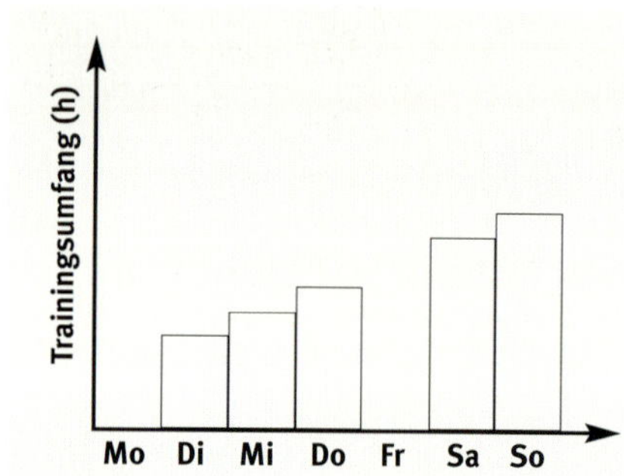

Das Wochenende kann man für die extensiven Trainingseinheiten nutzen, um nicht in Konflikt mit dem Alltag zu geraten. Ausfahrten können dann auch mal länger als drei Stunden dauern.
An den Ruhetagen kann man entweder passiv die Beine hochlegen. Besser wäre jedoch ein Saunagang oder aktive Erholung, wie z.B. eine Viertelstunde Schwimmen oder Massagen.

Mit einem ordentlichen Grundlagentraining steht der Rennfahrer-Karriere nichts entgegen.

BELL
Tim Hortons
Tim Hortons

Reparatur

Größere Umbauten sollten Sie Ihrem Händler überlassen. Das ist für Einsteiger meist billiger. Schließlich reagiert die filigrane Bike-Technik empfindlich auf Misshandlung. Und nicht jeder hat Zeit und Muße, sich durch Handbücher mit Drehmoment-Angaben zu arbeiten. Hier ein paar Tricks für Routine-Eingriffe.

Schnellspanner festziehen

Schnellspanner sind ein Segen, können aber zum Fluch werden. Sie ermöglichen schnellen Radwechsel und leichten Bike-Transport, verleiten aber zu Schlampigkeit. Sie müssen den Hebel nicht mit aller Kraft anziehen – das schadet den Radlagern. »Handfest«, so lautet die erforderliche Kraft. Ob das Laufrad fest genug sitzt, prüfen Sie, indem Sie es energisch zu einer Seite ziehen. Achten Sie darauf, dass die Hebel (in Fahrtrichtung gesehen) nach hinten zeigen. Schnellspannhebel können sich sonst an Ästen und Gestrüpp während der Fahrt öffnen.

Schlauch wechseln

Reifenheber sorgen dafür, dass auch eng sitzende Reifen von der Felge flutschen. Sie sind in den meisten »Handy-Tools« enthalten. Mit der Kerbung greifen Sie unter den Mantel und hebeln den Reifen von der Felge herunter. Zum Schlauchwechsel genügt es, den Reifen auf einer Seite herunterzuziehen. Bevor Sie den neuen Schlauch einlegen, sollten Sie allerdings die Reifeninnenseite nach Dornen und Glassplittern abtasten. Normalerweise rutscht der Reifen auch ohne die Hebel wieder ins Felgenbett. Falls nicht, greifen Sie zu den Reifenhebern. Achten Sie darauf, den innen liegenden Schlauch nicht zu beschädigen! Vorsicht bei »UST«-Reifen: Die Reifenwülste sind sehr sensibel und vertragen nur Reifenheber aus Plastik.

Ein Reifenheber ist an den Speichen fixiert, mit dem anderen hebelt man den Reifen vorsichtig ab.

Profis schwören auf Talkum-Puder auf der Reifeninnenseite. So bleibt der Schlauch geschmeidig.

Bevor Sie den neuen Schlauch einlegen, pumpen Sie ihn ein wenig auf – dann geht's besser.

Beim Aufziehen des Reifens, beginnen Sie am Ventilloch. Das ist die kritischste Stelle.

Schaltung einstellen

Das einwandfreie Funktionieren der Schaltung ist eine Frage der Spannung. Die Schaltungsteile werden mit Drahtseilen (»Bowdenzügen«) angesteuert. Diese müssen die richtige Spannung haben, wenn die Schaltung präzise sein soll. Wenn die Kette hinten rasselt oder der Umwerfer nicht schnell genug auf den Daumendruck reagiert, können Sie die Zugspannung erhöhen, indem Sie das Stellrad am Schalthebel in Uhrzeigerrichtung drehen (❶).

Das Gleiche erreichen Sie am Stellrad direkt am Schaltwerk (❷). Der Umwerfer bietet ein solches Rädchen nicht. Hier lässt sich die Spannung nur am Schalthebel justieren.

Falls Sie ein neues Schaltwerk montieren, müssen Sie einstellen, in welchem Bereich es sich bewegen soll. Es darf keinesfalls in

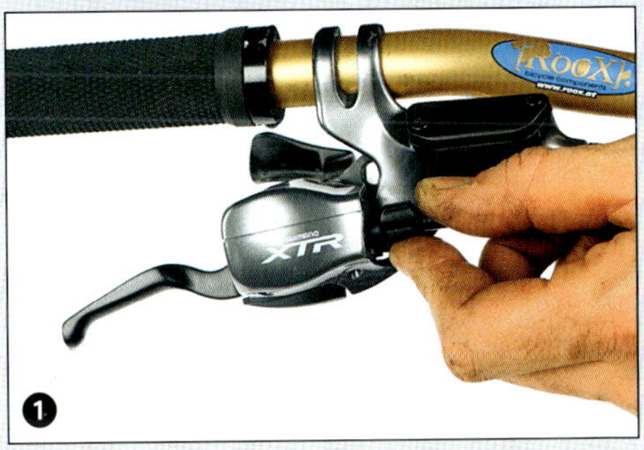

❶

Reichweite der Speichen am Hinterrad kommen! Dies geschieht mittels der Kreuzschlitzschrauben (❸). Die Schraube mit der Bezeichnung »H« (für »high«) bestimmt, wie weit das Schaltwerk nach außen schwenkt, die andere (»L« für »low«) legt fest, wie nah

❷

das Schaltwerk dem Hinterrad kommen kann. Gleiches Prinzip beim Umwerfer: Die dem Rahmen am nächsten sitzende Schraube definiert den Schwenkbereich nach innen (❺), die andere den nach außen (❻).

Die unscheinbare Kreuzschlitzschraube ganz nah am Schaltauge (❹) ist für die Kettenumschlingung zuständig. Justieren Sie das Schaltwerk so, dass die Schaltrolle möglichst nah am Ritzel steht, dieses aber nicht berührt. Schalten Sie zur Schaltwerksjustierung aufs mittlere Kettenblatt.

❸

❹

Vorsicht: Shimano bietet mittlerweile viele Schaltgruppen mit »Inverse-Shifting« an. Das bedeutet: Die Schaltung funktioniert in umgekehrter Richtung. Auf Daumendruck am Schalthebel bewegt sich das Schaltwerk hinab, nicht hinauf. Beim Einstellen bedeutet das: Die obigen Tipps muss man spiegelverkehrt anwenden.

Umwerfer justieren

❺

❻

Kette wechseln oder reparieren

Der Kettennieter ist Bestandteil (fast) jedes Werkzeugsets für Radfahrer und funktioniert wie ein Schraubstock en miniature. Wenn die Kette auf Tour reißt, trennen Sie den kaputten Teil heraus und vernieten den Gliederstrang wie folgt: Legen Sie die Kette ein. Dabei kann eine alte, gebogene Speiche die dritte Hand ersetzen (❶). Drehen Sie den Trennstift langsam in die Kette hinein, bis man die Kette öffnen kann. Achten Sie darauf, dass der Kettenstift nicht herausfällt, sondern an der Lasche hängen bleibt. Trennen Sie das defekte Stück der Kette heraus. Nieten Sie die beiden Enden der Kette zusammen. Achten Sie darauf, dass der Kettenstift auf beiden Seiten exakt bündig ist. Sonst schaltet die Kette nicht gut oder reißt sogar wieder an jener Stelle. Bei einfachen Kettennietern kommt es vor, dass das vernietete Kettenglied schwergängig ist (❷). Das macht ein präzises Schalten unmöglich. Durch gefühlvolles Biegen mit den Daumen (❸) wird die Kette schnell wieder geschmeidig. Die elegante Variante: Mit einem Schraubendreher die Kettenlaschen vorsichtig von innen aufbiegen.

❶

Eine Speiche oder ein Draht ersetzen beim Öffnen der Kette die dritte Hand.

❷

Nach dem Vernieten ist die reparierte Stelle häufig schwergängig.

❸

Verdrehen Sie die schwergängige Stelle zwischen den Daumen hin und her.

Stimmt die Kettenlänge?

Nur wenn die Kette die richtige Länge hat, funktioniert die Schaltung ordentlich. Die Kette ist dann nicht zu lang, wenn das Schaltwerk im größten Gang (vorne groß, hinten klein) senkrecht zum Boden steht.

Kette sparen

Bei Notreparaturen will man in der Regel die Kettenlänge beibehalten. Das geht nie ganz. Allerdings verlieren Sie nur eine Kettenlasche, wenn Sie den Stift stehen lassen und dann wieder vernieten.

Scheibenbremsen einstellen

Wenig Spiel zwischen Belag und Scheibe.

Unterlegscheiben dienen der Feinjustage.

Bei diesem System sind Unterlegscheiben überflüssig.

Wenn Sie sich Ihre Scheibenbremsen genauer anschauen, stellen Sie fest, wie eng der Spalt zwischen Scheibe und Bremsklötzchen ist.

Falls die Scheibe schleift, können Sie mithilfe hauchdünner Unterlegscheiben regulieren, wie der Bremszylinder über der Scheibe steht. Bei manchen Modellen von Magura und Shimano sind Unterlegscheiben überflüssig (siehe unteres Bild): Auf einem Adapter ist der Bremskolben horizontal verschiebbar und per Inbusschraube einstellbar.

Achten Sie darauf, dass die Bremsscheibe nicht eiert, bevor Sie sich an die Einstellarbeit machen. Leider geschieht dies bei solch filigranen Teilen in unwegsamem Gelände häufiger.

Alle weiteren Einstellungen greifen in die Hydraulik der Bremsen ein und verlangen nach speziellem Entlüftungswerkzeug. Genauere Informationen hierzu finden Sie auf der Website des jeweiligen Bremsenherstellers.

Felgenbremsen einstellen

Für optimalen Biss sollten die Bremsschenkel parallel zueinander stehen. Dies regulieren Sie mit den Kreuzschlitzschrauben, mit denen eine Feder im Inneren angesteuert

Optimale Position der Bremsschenkel einer V-Brake: 90 Grad zur Felge. Das gibt optimalen Biss.

Die Justage der Federspannung hilft, wenn ein Bremsschenkel etwas aus der Reihe tanzt.

An manchen Hebeln lässt sich sogar die Übersetzung einstellen.

wird. Die Bremsbeläge sollten so nah wie möglich an der Felge sein. Das regulieren Sie mit der Stellschraube am Bremshebel. Falls die Felge eiern sollte und die Beläge schleifen, können Sie die Zugspannung hier auch lockern.

Steuersatz justieren

Das Lager im Steuerkopf bestimmt, wie leicht sich Ihre Gabel im Rahmen dreht. Durch die hohen Belastungen im Gelände neigt dieses Lager dazu, sich zu lockern. Die Gabel klappert oder knackt dann. Wenn Sie die Vorderbremse ziehen und mit der Hand den Steuersatz umfassen (siehe Bild unten), spüren Sie außerdem, dass sich die einzelnen Teile gegeneinander verschieben. Das Problem ist schnell behoben: Lösen Sie die beiden Schaftklemmschrauben des Vorbaus. Ziehen Sie die Justierschraube minimal an (etwa eine viertel Umdrehung). Prüfen Sie das Spiel und wiederholen Sie den Vorgang, bis es wieder stimmt. Wenn Sie das Vorderrad anheben, sollte sich der Lenker automatisch zu einer Seite drehen, sonst ist er zu fest. Bevor Sie das Schaftrohr auf die richtige Länge kürzen, können Sie sich mit »Spacern« behelfen. Diese Unterlegringe erhöhen den Vorbau. Falls es Probleme mit der Justage gibt, könnte das daran liegen, das die Abdeckschraube (obiges Bild) das Schaftrohr berührt. Auch hier helfen »Spacer«. Der letzte – und lebenswichtige – Arbeitsschritt ist stets das Festziehen der Vorbauklemmschrauben. Prüfen Sie zum Schluss durch Verdrehen des Vorbaus bei fixiertem Vorderrad, ob die Schrauben fest genug sitzen.

Das Lagerspiel sollte man ganz feinfühlig in Viertelumdrehungen einstellen.

Prüfen Sie das Lagerspiel zwischen der Gabelkrone und dem Steuerrohr bei gezogener Bremse.

Der Vorbau muss stets etwas über das Schaftrohr (silberfarbig) hinaus ragen. Das erreichen Sie entweder durch Absägen des Schaftrohrs. Die elegantere Lösung sind jedoch so genannte »Spacer«: Unterlegringe, die den Vorbau erhöhen. Beachten Sie bei den letzten Arbeitsschritten, dass sich der Steuersatz nicht festziehen lässt, wenn die Steuersatzkappe das Schaftrohr berührt.

Das Nötigste

Pumpe, Reifenheber und Miniwerkzeug: Diese Accessoires gehören zum Biker wie Helm und Handschuhe. Damit können Sie alle genannten Eingriffe selbst in die Hand nehmen. Erst größere Reparaturen verlangen kostspieligeres Spezialwerkzeug.

Wartung und Pflege

Mit ein paar Handgriffen verlängern Sie das Leben Ihres Bikes – und haben mehr Spaß im Gelände.

Grundwäsche

Allerhand Wässerchen und Mittelchen buhlen im Bikeshop um Käufer. Allerdings tut's auch ein Spritzer Pril in einem Eimer lauwarmen Wassers. Damit rücken Sie grobem Schmutz zu Leibe – auch schwarze Schmiere zerfließt unter dem Spülmittel. Zum Schluss duschen Sie Ihr Bike mit klarem Wasser ab.

Bikes mögen Handwäsche. Hochdruckreiniger beschädigen die empfindlichen Lager.

Kette ölen

Als Überträger Ihrer wertvollen Kräfte verdient die Kette besondere Aufmerksamkeit.

Die Lebensdauer des Gliederstrangs – ob 500 oder 3000 Kilometer – hängt maßgeblich davon ab, wie gut sie im Öl steht. Nach jeder Fahrt sollte die Kette mit einem trockenen, fusselarmen Lappen abgerieben und geölt werden – jetzt ist die Kette sauber! Ziehen sie den Metallstrang dann noch einmal durch den Lappen und ölen ihn erneut.

Züge ölen

Wenn die Schaltung nicht mehr so leichtgängig flutscht wie zu Beginn, liegt das wahrscheinlich an den Außenhüllen der Bowdenzüge. Schmutz und Korrosion setzen der empfindlichen Teflonbeschichtung zu, die für das leichte Gleiten der Drahtzüge sorgt. Ein Tropfen Öl (z. B. »WD 40«)

macht das Getriebe wieder gangbar. Um an die Züge zu kommen, müssen Sie den Bowdenzug lösen und die Schaltung neu justieren.

Federelemente pflegen

Die empfindlichen Laufflächen sollten stets sauber sein. Jede Woche (bei häufigem Gebrauch auch öfter) verlangen sie nach einem kleinen Ölbad: Sprühen Sie das Rohr mit einem Öl (z. B. »WD 40« oder spezielles Pflegeöl vom Gabelhersteller) ein. Lassen Sie das Federbein einige Male ein- und austauchen, damit sich das Öl im Inneren verteilen kann, und wiederholen Sie dies zwei Mal. Wessen Bike mit Scheibenbremsen stoppt, sollte darauf achten, dass die Stopper kein Öl abbekommen. Einmal im Jahr ist ein professioneller Öl- und Dichtungswechsel beim Händler sinnvoll.

Reparatur für Profis

Mit ein wenig Spezialwerkzeug machen Sie sich unabhängig von Ihrem Händler. Das spart Zeit und Geld. Und macht sogar Spaß.

1. Züge und Außenhüllen wechseln

Was Sie brauchen: Zange

Die Schaltung kann nur dann präzise funktionieren, wenn die Züge leichtgängig sind. Schließlich handelt es sich bei den Schaltkomponenten um Feinmechanik, die auf den Zehntel Millimeter getrimmt ist.

Am Mountainbike finden sich zwei Arten von Zügen, die so genannten **Bowdenzüge**. Diese schmalen Drahtseile übertragen die Kraft beim Schalten und Bremsen. Diese Bauteile haben eine hohe Haltbarkeit. Schlechter bestellt ist es um die **Außenhüllen**. Dies sind schwarze Plastikröhrchen, die zur höheren Stabilität ein Stahlskelett enthalten. Sie sind mit einer Teflonschicht ausgekleidet, die den Reibungswiderstand der Bowdenzüge reduzieren. Diese Schicht ist verschleißanfällig, da sie Schmutz und Nässe nahezu ungeschützt ausgeliefert ist – bei jedem Schaltvorgang saugt der Bowdenzug Unbill ins Innenleben der Außenhüllen. Sobald Sie merken, dass sich die Schalthebel nicht mehr so leichtgängig, wie gewohnt, bedienen lassen, sollten Sie einen Wechsel der Außenhüllen in Erwägung ziehen. Dies kann – je nach Einsatzbereich und Wetterlage – jedes halbe Jahr oder gar öfter nötig sein. Der Eingriff ist nicht kompliziert, sollte aber penibel durchgeführt werden, damit die Schaltung gewohnt exakt funktioniert.

TIPPS:

- Außenhüllen haben die richtige Länge, wenn sie in harmonischen Bögen verlaufen.
- Wenn Ihr Rahmen dies zulässt: Bauen Sie durchgehende Außenhüllen ein. Diese verlaufen ohne Unterbrechung vom Schalthebel zum Schaltwerk. Der Vorteil: Da sie nur an Anfang und Ende offen sind, schleicht sich kaum Schmutz ein. Das verlängert die Lebensdauer.

1. Außenhüllen ablängen
Entfernen Sie die alten Züge vom Bike. Diese dienen – falls die Länge stimmt – als Vorbild für die neuen. Wichtig ist vor allem, dass Sie eine scharfe Zange zum Schneiden benutzen: Das stählerne Innenleben der Außenhüllen ist extrem hart. Soll die Schaltung präzise bleiben, sollte der Schnitt im 90-Grad-Winkel ausgeführt sein. Nach dem Schnitt klopfen Sie Zugendkappen aus Stahl oder Plastik auf. Diese fixieren die Züge in den Anlötteilen am Rahmen.

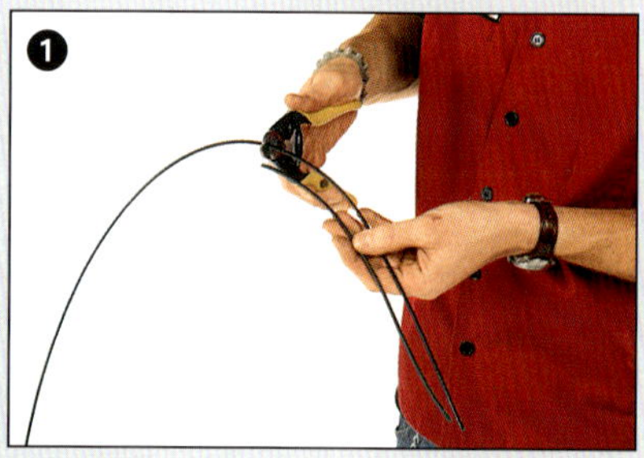

2. Bowdenzug fixieren
Sind die Außenhüllen am Rahmen fixiert, fädeln Sie den (am besten neuen) Bowdenzug am Schalthebel ein und ziehen ihn bis zum Schaltwerk ein. Mit einer Greifzange bringen Sie ihn auf maximale Spannung, um ihn in dieser Position mit einem 5-er Inbusschlüssel handfest zu klemmen.

3. Bowdenzug abschneiden
Auch hier ist eine scharfe Kneifzange sinnvoll, wenn man hässliche »Blumenstrauß-Enden« am Drahtzug verhindern will. Um Verletzungen zu vermeiden und den Zug vor Aufdröseln zu schützen, verwenden Sie am besten eine Endkappe aus Aluminium.

2. Schaltwerk richten

**Was Sie brauchen:
Richtwerkzeug oder Wasserrohrzange**

Die Schaltaugen moderner Mountainbikes sind aus weichem Aluminium geschmiedet. Wenn das teure Schaltwerk einen Schlag abbekommt, soll zuerst das Schaltauge dem Druck ausweichen. Das kommt für den Biker billiger, denn ein neues Schaltauge kostet selten mehr als zehn Euro, während ein Schaltwerk selten unter 30 Euro zu haben ist. Eigentlich clever, doch in manchen Fällen ist ein neues Schaltauge nicht vorrätig. Gut, wenn man sich zu helfen weiß.

TIPPS:

- Ein verbogenes Schaltauge ist der häufigste Grund für schlechte Schaltqualität.
- Meist ist Geäst aus dem Unterholz der Grund für ein verbogenes Schaltauge. Bedenken Sie dies beim Biken.
- Falls es Ihnen öfters passiert, dass das Schaltauge beschädigt wird, sollten Sie überlegen, ob nicht ein robusteres Schaltwerk (siehe Seite 53) sinnvoll wäre.

1. Diagnose
Lehnen Sie das Bike an eine Wand und begutachten Sie das Schaltwerk von hinten: Um präzise zu funktionieren, müsste der Schaltwerkkäfig exakt 90 Grad unter dem Ritzelpaket sitzen. Ist dies nicht der Fall, sollten Sie Hand anlegen.

2. Geradebiegen
Entfernen Sie das Schaltwerk. Suchen Sie mit der Wasserrohrzange oder einem Richtwerkzeug einen sicheren Hebel. Biegen Sie das Schaltauge vorsichtig nach innen. Bedenken Sie: Die Legierung des Schaltauges ist meist eher spröde. Viele Versuche stehen Ihnen also nicht zur Verfügung.

3. Prüfen
Montieren Sie das Schaltwerk und prüfen Sie, ob es nun im 90-Grad-Winkel zum Ritzelpaket steht. Will die Reparatur nicht glücken, können Sie auch ein neues Schaltauge kaufen. Das Ersatzteil kostet – je nach Hersteller – selten mehr als zehn Euro. Bei älteren Stahlrahmen ohne wechselbares Schaltauge sollte die Reparatur von Anfang an ein Fachmann erledigen – das ist sicherer und meist billiger.

3. Laufräder zentrieren

**Was Sie brauchen:
Kabelbinder, Nippelspanner**

Laufräder sind ingeniöse Meisterwerke, aber auch sensible Wesen. Der Achter gehört zum Alltag des Mountainbikers. Grund genug, die Technik des Zentrierens zu erlernen. Profis benutzen hierfür einen Zentrierständer. Doch für den Hausgebrauch kann man sich mit Kabelbindern an Gabel oder Hinterbau behelfen, um festzustellen, in welche Richtung und an welcher Stelle das Laufrad eiert. Für schwere Fälle wie ausgeprägte Seiten- oder auch Höhenschläge ist ein Zentrierständer allerdings unumgänglich.

TIPP:

Prüfen Sie öfter mal die Speichenspannung Ihrer Laufräder – auch wenn sie noch perfekt drehen. Die Spannung lässt im Laufe der Zeit nach. Das erhöht die Gefahr, sich einen Achter einzufahren. Sind die Speichen insgesamt zu lasch, ziehen Sie sie rundherum um eine Viertelumdrehung an.

1. Das Prinzip
Jeder Speichennippel ist eine kleine Mutter, die zuverlässig Kraft von der Speiche auf die Felge überträgt. Wie alle Schrauben drehen sich Speichennippel im Uhrzeigersinn. Wenn die Spannung erhöht wird, zieht die gespannte Speiche die Felge auf die Seite, aus der sie kommt.

2. Schlag orten
Fixieren Sie einen Kabelbinder an der Gabel, der die Felge streift. Drehen Sie das Laufrad. So können Sie den Bereich einengen an dem sich der Seitenschlag befindet

3. Schlag markieren und beseitigen
Mit Klebeband können Sie Anfangs- und Endpunkt des Schlags markieren. Nun beginnt die Arbeit: Hat die Felge z.B. eine Unwucht nach links, müssen die Speichen, die nach rechts zur Nabe verlaufen, angezogen werden. Beginnen Sie in der Mitte des Bereichs, den Sie ausgemacht haben, und arbeiten Sie sich symmetrisch nach außen. Gehen Sie in kleinen Schritten vor: eine Viertelumdrehung genügt. Sonst kann es passieren, dass Sie sich einen Höhenschlag ins Laufrad ziehen. Kontrollieren Sie nach dem ersten Durchgang am Kabelbinder, ob das Laufrad wieder gerade läuft. Falls nicht, wiederholen Sie den Vorgang, bis die Unwucht beseitigt ist.

4. Ritzelpaket wechseln und befestigen

Was Sie brauchen: Kettenpeitsche, Ritzelabzieher

Das Ritzelpaket ist mit einer Spezialmutter auf der Nabe befestigt. Diese lässt sich nur mit einem speziellen Schlüssel von ihrem Platz bewegen. Zum Glück ist das nur nötig, wenn die Ritzel verschlissen sind oder man sie aus anderen Gründen wechseln möchte. Allerdings hilft das Abnehmen auch beim Reinigen der Ritzel.

1. Abnehmen
Zum Demontieren der Kassette sind gleich zwei Werkzeuge nötig: das eine zum Festhalten der Ritzel (so genannte Kettenpeitsche, hier: Spezialwerkzeug von Pedros), während Sie mit dem Ritzelabzieher die Verschraubung öffnen.

2. Festziehen Nach dem Wechsel stecken Sie die neue Kassette wieder auf den Nabenkörper auf. Die Mutter können Sie nun im Uhrzeigersinn mit dem Ritzelabzieher anziehen.

5. Innenlager und Kurbeln montieren

Was Sie brauchen: Innenlagerschlüssel

Das Innenlager gehört zu den Verschleissteilen Nummer eins beim Mountainbike. Die Anschaffung eines Innenlagerschlüssels lohnt sich für Viel- und Allwetterfahrer. Es muss nicht gleich ein neues Lager sein, oft hilft auch schon eine ordentliche Fettpackung gegen ein quietschendes Innenlager. Die Einführung der neuen Generation von außenliegenden Cartridge-Lagern (bei Kurbeln mit integrierter Achse) hat die Wartung und Montage enorm vereinfacht. So kommen Sie dran:

1. Kurbelklemmung lösen
Lösen Sie die beiden Inbusschrauben der linken (kettenblattlosen) Kurbel.

2. Deckel entfernen
Entfernen Sie den Aluminiumdeckel, der das System seitlich klemmt. Wenn Sie ihn wieder festschrauben: Bitte nicht zu fest. Meist ist er mit einer Drehmomentangabe versehen.

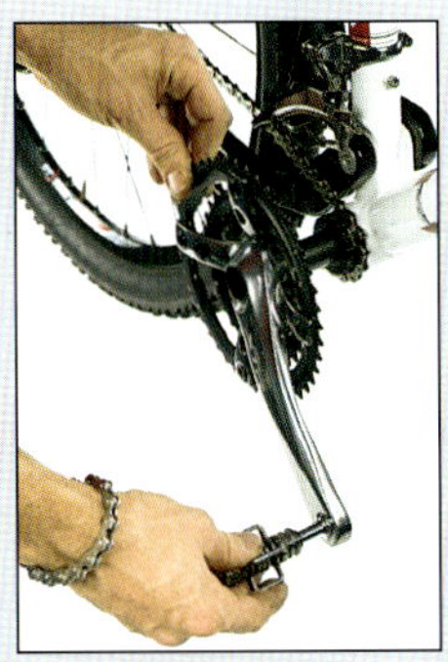

3. Kurbel entfernen
Nun können Sie die Kurbel auf der Kettenblattseite vorsichtig entfernen.

4. Innenlagerschale lösen
Mit dem Innenlagerschlüssel können Sie nun den Lagerschalen zu Leibe rücken.

➲ Tourenplanung

Das Mountainbike erweitert unseren Bewegungsradius um ein Vielfaches. Allerdings sollten größere Ausflüge auch planvoll angegangen werden. Hier finden Sie Tipps, wie Sie die große Tour sorgenfrei genießen.

Die große Freiheit: Das Mountainbike vergrößert unseren Aktionsradius enorm. Ausritte von 80 Kilometern sind für viele Biker Normalität – da können auch einige ausgewachsene Pässe dazwischen liegen. Mit dem neuen Bike werden Sie Ihre Umgebung aus völlig neuen Blickwinkeln kennen lernen. Im Nu hat man das Wegenetz im 40-Kilometer-Radius erkundet. Winkel, die zu Fuß zu weit entfernt sind, werden zu Refugien der Stille. Grenzen verwässern: 200, 300 Kilometer oder mehr – nur eine Frage der Zeit. Wochentouren können durch mehrere Länder führen. Die Alpenüberquerung hat sich zur Pilgerfahrt der Mountainbiker entwickelt. Die jährliche »Transalp« gehört für viele Biker-Gruppen zum Saisonhöhepunkt. Doch lassen Sie sich nicht von Biker-Kollegen unter Druck setzen: Steigen Sie langsam ins Tourenfahren ein. Schließlich muss man erst die Kondition für lange Anstiege aufbauen. Und nichts ist peinlicher, als sich erschöpft von der Liebsten aus der Pampa retten zu lassen.

Egal, ob Kurztrip oder Transalp – weniger Ballast bedeutet mehr Fahrfreude. Auf dieser schlichten Formel basieren unsere Ausrüstungs-Tipps. Doch bei dem überbordenden Angebot an Zubehör verliert man schnell die Übersicht, was sinnvoller Nothelfer und was überflüssiger Schnickschnack ist.

Egal, ob Alpenüberquerung oder Tour am Hausberg: Mit Plattfüßen und Kettenrissen muss ein Biker immer rechnen. Auch mit Wetterumschwung und plötzlichem Hunger.

Traumtouren Transalp

Wen es in die Alpen zieht, der kommt an diesem Standardwerk nicht vorbei. Es enthält insgesamt 18 Überquerungen in den zentralen Alpen. Wichtiger Bestandteil des Buches ist die beigefügte CD-ROM. Mit ihrer Hilfe kann der Leser sein persönliches Roadbook und sein Höhenprofil aus 638 Teilstücken (insgesamt 9252 Kilometer und 295214 Höhenmeter) erstellen und ausdrucken. Ein ausführlicher Service-Teil gibt Ratschläge zu Terminierung, Planung, Ausrüstung und Verhalten während der Tour.

Ein paar kleine Helfer erleichtern den Biker-Alltag erheblich. Hier die Grundausstattung:

Helm

Sofern der Wunschhelm ein TÜV-Siegel trägt, können Sie sich auf die Sicherheit verlassen. Viel wichtiger bei der Auswahl sind eine gute Passform (durch möglichst viele Verstelloptionen), eine ordentliche Belüftung und natürlich die Optik.

Brille

Warum Biker auch bei trübem Wetter Brillen tragen? Als Versicherung gegen Fliegen und umherpeitschende Äste. Zudem verschärfen bunte Gläser bei schlechten Lichtverhältnissen den Kontrast. Und nicht zuletzt kann die Bikerbrille als Sonnenschutz dienen. Ideal: Eine Brille mit Wechselgläsern, mit denen man blitzschnell auf die Lichtverhältnisse reagiert.

Handschuhe

Schützen gegen Schwielen an den Händen und verbessern den Grip am Lenker. Lange Handschuhe schützen besser bei Stürzen und vorbeifliegendem Gestrüpp. Achten Sie auf einen Frottee-Einsatz am Daumen – der dient als Mini-Schweißtuch.

Trikot

Ob kurz oder lang – das ist Wetter- und Stilfrage zugleich. Wichtig bei den Kurzarmtrikots: Der vordere Reißverschluss sollte sich möglichst tief öffnen. Außerdem sollten Rückentaschen Platz für Riegel, Pumpe und Schlauch bieten. Selbstverständlich: atmungsaktives, luftiges Material.

Unterhemd

Unterhemden aus Funktionsmaterial (z. B. Coolmax) sind die Klimaanlage des Bikers. Aus luftigem Netzmaterial gearbeitet, transportieren sie den Schweiß von der Haut und beherbergen ein isolierendes Luftpolster.

Rucksack
Ein leichter Trinkrucksack (zwei bis drei Liter Fassungsvermögen) mit ein paar Staufächern ist ideal für kleinere Touren. Neben der Wasserversorgung dient die Trinkblase auch als Rückenpanzer. Ein mittelgroßer Rucksack (bis 15 Liter) eignet sich für Tagestouren. Mehrtagestouren verlangen etwa 30 Liter Stauraum.

Bikehose: Tight oder Short
Die klassische, enge Lycra-Hose der Tour-de-France-Fahrer findet hauptsächlich bei rennorientierten Fahrern Anklang. Ihre Vorteile: Sie verheddert sich nicht am Sattel und bietet hohen Sitzkomfort. Allerdings macht man sich mit käsigen, unrasierten Beinen darin schnell lächerlich.

Short
Warum sollte man seinen modischen Geschmack ändern, sobald man aufs Bike steigt? Mit einer lässigen Short macht man in allen Situationen eine gute Figur. Zudem bieten Taschen willkommenen Stauraum. Allerdings vermitteln Shorts selten den problemlosen Sitzkomfort einer Tight, da sie Falten schlagen. Zudem können sie sich bei einigen Fahrmanövern am Bike verheddern.

Schuhe/Pedale
Die meisten Tourenfahrer nutzen Klickpedale, um ihre Kraft effektiv auf die Kurbel zu übertragen. Pedale mit einer größeren Standfläche (so genannte Plattformpedale) geben Sicherheit. Zudem erhöht sich dadurch die Kontaktfläche zu den Schuhen. Achten Sie bei den Schuhen darauf, dass die Sohlen für längere Tragepassagen griffig und biegsam sind. Wenn der Schaft bis über die Fußknöchel reicht, sind Sie gegen Steine besser geschützt.

Das sollten Sie auf Ihrer Tour dabeihaben:

Schnelle Feierabendrunde
- Pumpe
- Ersatzschlauch
- Kombi-Tool
- Trinkflasche
- Energieriegel

Zusätzlich für die Halbtagestour (3 bis 4 Stunden)
- Trinkrucksack
- Geld
- Handy
- Regenjacke

Zusätzlich für die Tagestour
- Regenjacke, Regenhose
- Funktionsunterhemd zum Wechseln
- Fleecepulli
- Wechsel-Trikot
- Verbandspäckchen
- Schloss

Zusätzlich für die Mehrtagestour/Alpenüberquerung
- umfangreiches Kartenmaterial (evtl. auf GPS-Gerät gespeichert)
- Sonnencreme
- Rasierer
- Taschenmesser
- Zahnbürste und Zahncreme
- Brieftasche
- zusätzliche lange Bikehose
- Schlafshirt, lange Hose
- Funktionshandtuch
- Shampoo

Essenzielles Teil für die langeTour: eine hochwertige Regenjacke.

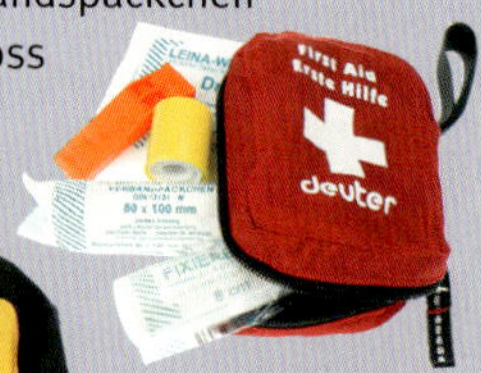

Auf längeren Touren sollte mindestens ein Gruppenmitglied ein Erste-Hilfe-Set im Rucksack haben.

TIPPS FÜR DIE TOUR

- Ein paar Kabelbinder helfen bei jeder Notreparatur.
- Wenn Sie sich auskennen, können Sie Wasser sparen: Tanken Sie am Brunnen.
- Ein Bike-Check vor der Tour ist obligatorisch. Er erspart frustvolle Pannen.
- Testen Sie, ob Sie mit dem Mini-Tool auch alle Schrauben Ihres Bikes erreichen.
- Checken Sie, ob der Bike-Computer richtig justiert ist. Das sichert die Orientierung.
- Tauschen Sie die nassen Klamotten auf dem Berg gegen trockene.
- Fahren Sie auf größeren Touren mit bewährtem Material, neue Schuhe lieber auf der Hausrunde probieren.
- Ein Bike hat seinen Wert: Nehmen Sie ein Schloss mit.
- Auf der Hütte können Sie nasse Schuhe mit Zeitungspapier ausstopfen.
- Übernehmen Sie sich nicht. Sonst haben Sie am nächsten Tourtag keine Reserven mehr. Lieber kurz treten.

Tourenplanung

200 Tourenbücher informieren über die besten europäischen Tourenreviere. Auch die deutschen Mittelgebirge sind weit gehend erfasst. Eine Übersicht finden Sie im Internet unter www.delius-klasing.de. Viele Regionen haben den Mountainbiker mittlerweile als dankbaren Kunden entdeckt. Über die Fremdenverkehrsämter erfahren Sie mehr über das Tourenangebot im Urlaubsort. Seit 16 Jahren sendet das Bike-Magazin seine Autoren in die ganze Welt, speziell aber in die deutschen Reviere. Sämtliche bislang veröffentlichte Touren (»Spotguides«) finden Sie unter www.bike-magazin.de.

Natürlich können Sie auch selbst planen. Die meisten in Wanderkarten eingezeichneten Wege können auch für Biker reizvoll sein. Eine topografische Karte im Maßstab 1:50000 liefert die besten Informationen. Die Landesvermessungsämter bringen die genauesten Karten heraus (ca. 8 Euro im Buchhandel).

Ein ganzer Zweig der Tourismus-Branche hat sich auf Biker spezialisiert. Von der Himalaya-Durchquerung bis zur Hüttentour im Voralpenland wird so ziemlich alles geboten, was man per Bike machen kann.

Nicht nur in den Hochalpen gilt: kein Risiko eingehen. Einige Wege sind eben nicht für Biker.

TIPPS FÜR DIE ALPENÜBERQUERUNG

- Planung spart Ärger und Kosten. Buchen Sie Hotels und Hütten rechtzeitig. Beachten Sie Feiertage in den Zielländern. Am 15. August (Ferragosto) ist z. B. halb Italien in den Alpen unterwegs.
- Alpenpässe sind bis in den Juli hinein verschneit. Beste Transalp-Zeit: August und September.
- Vorsicht mit dem Bergwetter: Halten Sie entsprechende Bekleidung bereit.
- Schätzen Sie Ihre Leistung richtig ein. Späte Ankünfte lassen wenig Spielraum für Pannen und Eventualitäten.
- Fahren Sie nicht allein. Lassen Sie Ihre Freunde an dem Erlebnis teilhaben.
- Die Tour ist am Gardasee noch nicht vorbei. Planen Sie die Rückkehr ähnlich akribisch. Viele Bahnen nehmen Biker gar nicht oder nur nach nervraubenden Verhandlungen mit.
- Fahren Sie lieber in einer kleinen Gruppe (bis fünf Personen). Die Zahl der Pannen steigt ansonsten, große Gruppen werden schnell unflexibel.

- Das Handy ist Ihr Bernhardinerhund: 112 rettet Sie im gesamten Alpenraum.
- Testen Sie zuvor auf kleineren Touren, wie Sie mit dem sechs Kilogramm schweren Rucksack zurechtkommen.

- Wenn Sie in einer Gruppe fahren: Teilen Sie das Werkzeug auf mehrere Personen auf.

- Ein paar Spannriemen bieten die Möglichkeit, das Gepäck in verschiedenen Varianten zusammenzuschnüren.
- Nehmen Sie ein paar Tüten mit. Damit trennen Sie saubere von schmutziger Wäsche. Und der Inhalt vom Rucksack bleibt trocken.
- Seien Sie sich gerade im Hochgebirge Ihrer körperlichen und fahrtechnischen Grenzen bewusst.
- Nehmen Sie Kabelbinder in verschiedenen Größen mit. Damit lassen sich mehr Notreparaturen durchführen, als man glaubt.
- Beachten Sie die Wettervorhersage (www.alpenwetter.com). Bei drohendem Gewitter: Bleiben Sie im Tal.
- Vergessen Sie das Schloss nicht!

Fahren Sie nie ohne Karte bzw. GPS.

Wenn Sie abends auf der Hütte Unterhemd und Socken waschen, sparen Sie Kleidung.

GPS-Navigation

Roadbooks und Landkarten sind gute Hilfsmittel mit einem Nachteil: Sie zeigen einem nicht, wo man selbst ist. Außerdem muss man immer wieder anhalten, um sich in der Karte oder einem Tourenführer zu orientieren. Hier liegt der große Vorteil von GPS (Global Positioning System): Ein Blick aufs Display am Lenker genügt, um die eigene Position und die richtige Fahrtrichtung zu erkennen – man muss dabei nicht einmal anhalten. Die Sinne bleiben geöffnet für das Bike-Erlebnis und die Landschaft.

Dazu kommt der Spaß, schon zu Hause am PC mit einer GPS-Software Touren in digitale Landkarten einzutragen und diese »Tracks« schließlich in das GPS-Gerät einzugeben. Am nächsten Tag fährt man dann eine völlig neue und unbekannte Tour, ohne auch nur einmal einen Zweifel am Routenverlauf zu haben.

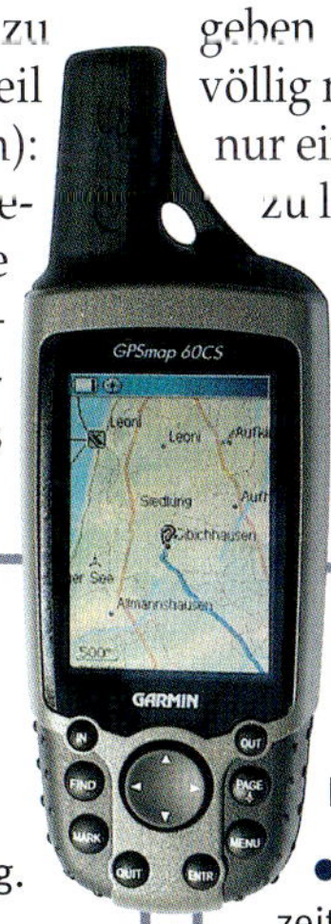

Auf Internet-Seiten wie z. B. www.bike-gps.com können Sie Ihr GPS-Gerät mit Touren in Deutschland, Österreich, der Schweiz und Italien füttern.

Die Vorteile von GPS-Geräten

- Alle Fahrradcomputer-Funktionen sind im GPS-System enthalten. Man braucht kein weiteres Gerät mehr.
- Sie finden Ihre Strecke hundertprozentig. Abweichungen liegen normalerweise im Bereich von etwa fünf, im schlechtesten Fall von 30 Metern.
- Großer Nutzen auch ohne Fahrrad: GPS-Geräte lassen sich zu Fuß, beim Wandern, beim Joggen, beim Skifahren, auf dem Motorrad und im Auto benutzen.

Die Nachteile von GPS-Geräten

- Gegenüber Fahrradcomputern deutlich höherer Preis, aber auch deutlich höherer Nutzen.
- Hoher Batterieverbrauch, Batteriestandzeit je nach Gerätetyp und Anzahl der Batterien zwischen zehn und 36 Stunden.
- Kein Empfang in geschlossenen Räumen und Tunnels. Empfangsprobleme in engen Schluchten und dichtem Wald (besonders bei schlechtem Wetter) möglich.

Historie

Mount Tamalpais im Winter 1973: Die Kalifornier Gary Fisher und Joe Breeze rasen zum ersten Mal auf alten Fahrrädern die Schotterwege des 850 Meter hohen Bergs hinunter. Hier, nördlich von San Francisco, begann die rasante Geschichte der Geländeräder. Die beiden Pioniere erinnern sich.

In Marin County hat alles begonnen. Früher lebten hier Hippies, heute die gehobene Mittelschicht.

Vom Cruiser zum Mountainbike

Das Ur-Mountainbike: Die Anlehnung an den Schwinn-Cruiser ist noch deutlich erkennbar.

Gary Fisher prüft noch einmal den Luftdruck seines Bikes und schüttelt den Kopf: »Niemand hätte vor 25 Jahren gedacht, welche Bewegung wir da in Gang setzen.« Während er seinen Hinterreifen noch etwas stärker aufpumpt, fügt Joe Breeze hinzu: »Mit dem Mountainbiken von heute hatte es nicht viel zu tun, als wir anfingen, mit alten 20 Kilogramm schweren Stahlrädern die Löschwege des Mount Tamalpais hinunterzufahren.«

Im Gegenteil – heute erklimmen Gary und Joe die 850 Höhenmeter hinauf zum »Mount Tam« locker. Damals war das ein Ding der Unmöglichkeit. Wer hier hinauf wollte, musste schieben. Doch warum kommt die Idee zu einem geländetauglichen Fahrrad ausgerechnet aus Kalifornien? Gary deutet über das weite Land von Marin County und vermutet: »Wahrscheinlich ist es die Landschaft mit all ihren Hügeln, Pfaden und Schotterwegen. Aber es sind auch die richtigen Leute zur richtigen Zeit zusammengekommen.«

Wer waren sie, die Pioniere des Offroad-Bikes? Neben Fisher und Breeze müssen da besonders Charles Kelly und später auch Tom Ritchey genannt werden. Charlie und Fisher wuchsen in den Sechzigerjahren in der Haight-Ashbury-Hippie-Szene in San Francisco auf. Als Mittzwanziger sehnten sie sich nach einem weniger hektischen Leben außerhalb der Großstadt. Sie zogen in das 5000-Seelen-Nest Fairfax, 30 Kilometer nördlich von San Francisco. Fisher – seit seinem 13. Lebensjahr ein Radrennfahrer aus Leidenschaft – verdiente sich seinen Lebensunterhalt in einem Fahrradgeschäft. Charlie arbeitete als Roadie für »The sons of Champlin«, eine Rockband.

Breeze wohnte wenige Kilometer von Fairfax entfernt in der Kleinstadt Mill Valley. Sein Hobby und sein Beruf waren – wie bei Fisher – eng mit dem Fahrrad verbunden. Breeze arbeitete sporadisch als ausgebildeter Fahrradbauer und fuhr an Wochenenden Radrennen. Charlie, Fisher und Breeze waren im gleichen Radverein. Woche für Woche kurbelten sie hunderte Asphaltkilometer herunter. Als ein paar Freaks aus der Gegend auf alten Schwinn-Cruisern aus den 1930er-Jahren den »Mount Tam« herabrasten, spotteten sie anfangs.

»Einen dieser Zweirad-Oldtimer schaute ich mir mal bei Mark, einem unserer Clubmitglieder, an«, erinnert sich Fisher. Das rund 40 Jahre alte Bike ihres Freundes hatte dicke Ballonreifen und einen geschwungenen Stahlrahmen. Der amerikanische Fahrradhersteller Ignatz Schwinn hatte 1932 auf einer Europareise die ersten Ballonreifen aus Deutschland in die USA geholt. Kurze Zeit später war das Modell »Schwinn-Cruiser« mit 26-Zoll-Rädern und Zwei-Zoll-Reifen auf dem Markt. Die geschwungenen Rahmenrohre sollten an die Formen eines Motorrads erinnern.

Die Dinger machen ja Spaß!

»Wir dachten zuerst, dass diese Bikes total uneffizient seien«, räumt Fisher heute ein. Eine Probefahrt auf Marks gemütlichem Drahtesel änderte seine Meinung. Schon nach wenigen Minuten waren Fisher, Kelly und Breeze überzeugt: »Die Dinger machen ja Spaß!« Besonders die bequeme Sitzposition und der Fahrkomfort der breiten Reifen hatten es den härtegewöhnten Straßenfahrern angetan.

Kelly machte sich sofort bei Schrotthändlern auf die Suche nach ein paar vergessenen

Exemplaren der alten Cruiser – und wurde fündig. Für eine Hand voll Dollar ergatterte er zwar total verrostete, aber intakte Räder.

Die Renaissance-Bikes hatten keine Gangschaltung und nur eine Rücktrittbremse. Trotzdem organisierten die Vereinsmitglieder immer öfter gemeinsame Ausritte ins Gelände. Höhepunkte waren regelmäßige, adrenalingetränkte Abfahrten vom »Mount Tam«. Die Freunde ließen sich mit einem Pick-up auf den Gipfel chauffieren und rasten zu Tal – wenn die Cruiser hielten. Rahmen-, Lenker- und Gabelbrüche waren bei den Ur-Downhillern Alltag. Fisher lacht: »Oft ist die Hälfte von uns mit total ramponierten Rädern zurückgekommen.«

Die Versorgung mit Ersatzrahmen und Teilen wie Gabeln wurde in der Gegend um Fairfax immer schlechter. Weiter und weiter mussten Charlie und seine Kumpels ausrücken, um das begehrte Alteisen ausfindig zu machen. »Ebay« war Zukunftsmusik.

Das erste Rennen

1976 war die Zeit reif für den ersten sportlichen Vergleichswettbewerb: Kelly kam auf die Idee, auf dem Hausberg in Fairfax eine Serie von Abfahrtsrennen zu veranstalten. Der Kurs, die etwa drei Kilometer lange »Cascade Canyon Fire Road«, wurde bald zu »Repack« umgetauft: Die steile Piste strapazierte die Rücktrittbremsen so sehr, dass das Fett aus den Naben qualmte und die Bremsen im Ziel »repacked«, also neu geschmiert werden mussten. Das Rennen war der Motor für alle wesentlichen Mountainbike-Innovationen der ersten Jahre. Breeze und Fisher – die Schnellsten der Repack-Horde – hatten immer wieder neue Ideen für Verbesserungen.

Die bruchanfälligen Lenker wichen solchen von Motorrädern. Die Rücktrittbremse ersetzte Fisher durch Trommelbremsen vorne und hinten. Die Bremshebel waren Magura-Motorradteile.

Einen richtungsweisenden Impuls setzte Fisher, als er eines Tages mit einer Fünfgang-Kettenschaltung an seinem »Clunker« auftauchte.

»Die anfängliche Skepsis, ob die Konstruktion dem Offroad-Einsatz gewachsen sein würde, verflog schnell«, triumphiert der Erfinder. Die Schaltung erweiterte den Aktionsradius der Biker um ein Vielfaches. Lange tüftelten die Geländefahrer, wo die Schalthebel am besten angebracht werden sollten. Die Pistenakrobaten nahmen auf holprigen Wegen nur ungern eine Hand vom Lenker, um den Gang zu wechseln. Wieder war es Fisher, der mit seiner technischen Lösung überzeugte: Er montierte Daumenschalter und war mit dem Ergebnis hochzufrieden.

Während Fisher und Breeze die Antreiber zu immer neuen technischen Entwicklungen waren, fiel Kelly eine andere wichtige Rolle zu: Er machte die Idee bekannt. Er war es, der die Repack-

Joe Breeze in seiner Werkstatt von damals. An einem Rahmen von damals. Heute interessieren ihn nur noch City-Fahrräder.

Rennen organisierte. Da er viel Freizeit hatte schrieb er über Mountainbikes. Sein erster Artikel über die turbulente Fahrrad-Szene in und um Fairfax erschien in einer großen amerikanischen Fahrradzeitschrift. Die Mountainbike-Philosophie wurde über die Grenzen von Marin County bekannt. 1981 gründete Kelly seine eigene Zeitschrift, das »Fat Tire Flyer Magazine«.

Kelly war es auch, der 1977 anregte, einen speziellen Rahmen zu bauen. Er gab seinem Freund, dem gelernten Rahmenbauer Breeze, ein paar hundert Dollar und bat ihn, ihm ein neues Bike-Gerippe zusammenzuschweißen.

Als beste Rahmengeometrie für ein Offroad-Vehikel hatten sich die Maße des alten »Schwinn Excelsior« von 1933 bis 1941 erwiesen. Um nichts falsch zu machen, übernahm Breeze für seinen Prototyp genau die Abmessungen des bewährten Oldtimers (Lenkwinkel 68 Grad, Sitzwinkel 70 Grad, Kettenstrebe 470 Millimeter). Er entschied sich jedoch für Versteifungsrohre an Rahmen und Gabel. Das erste »Custom-Made«-Mountainbike der Geschichte war entstanden.

Es wog zwar noch über 16 Kilogramm, doch es funktionierte und machte mehr Spaß als alle anderen Räder.

Breeze entschloss sich, auf Drängen seiner Freunde, zehn identische Bikes zu bauen und sie für umgerechnet 750 Euro zu verkaufen.

»Joe hat perfekte Arbeit geleistet«, sagt Fisher heute, »doch er brauchte für die Räder neun Monate. Macht etwa 50 Cent Stundenlohn.«

Für Fisher war ein neues Bike damals einfach nicht drin. Er blieb seinem »Clunker« treu. Mittlerweile hatte er den Fahrrad-Bomber mit 15 Gängen aufgerüstet. Seine Kondition erlaubte es ihm, noch immer allen anderen davonzufahren.

Die erste Großserie

Erst zwei Jahre nach Breeze's Eigenbau dachte Fisher selbst über einen speziellen Rahmen nach. Sein Traumbike sollte ein offenes Rahmendreieck haben, damit er es besser schultern konnte. Da Breeze kaum Zeit hatte, machte sich Fisher auf die Suche nach einem

Auch Gary Fisher hat die Einrichtung seiner alten Werkstatt beibehalten. Vielleicht wird ja mal ein Museum draus ...

anderen Rahmenbauer. Er stieß auf Tom Ritchey aus Redwood City, einem Ort rund 50 Kilometer südlich von San Francisco.

Fisher gab ihm seine Pläne, und drei Wochen später hatte Tom drei Rahmen geschweißt. Sie waren knapp eineinhalb Kilogramm leichter als der von Breeze.

Fisher: »Ich war begeistert.« Er bestellte sofort zehn weitere Rahmen bei Ritchey und bot ihm an, den Verkauf zu übernehmen. Da Fisher gute Kontakte zur Fahrradindustrie pflegte, war es für ihn ein Leichtes, die passenden Komponenten aufzutreiben.

Die Zusammenarbeit klappte perfekt. Ende 1979 schlossen sich Fisher und Kelly zusammen und gründeten eine eigene Vertriebsfirma für Ritchey-Bikes. Bis dahin gab es für das Offroad-Bike der Kalifornier noch keinen speziellen Namen. Die alten Schwinn-Bikes wurden »Clunker», »Ballooner« oder »Bomber« genannt – für den neuen Fahrrad-Typus waren diese Bezeichnungen ungeeignet. Fisher rief schließlich den Namen »Mountainbike« ins Leben.

1980 kam der Durchbruch der »Fat-Tire-Bikes« in Amerika.

Auf den Fahrradmessen in den USA sah man plötzlich die ersten All-Terrain-Bikes. Das »Ritchey Mountainbike« hatte zu diesem Zeitpunkt einen Marktanteil von knapp 90

Prozent. Doch das änderte sich bald. 1980 kaufte die Firma »Specialized Bicycle Imports« vier der von Fisher/Kelly vertriebenen Bikes. Sie waren die Grundlage für den »Specialized Stumpjumper«, der 1981 als das erste Großserien-Mountainbike erschien.

Danach ging alles Schlag auf Schlag. Die japanischen Fahrradteile-Giganten Shimano und Suntour stellten ihre ersten speziellen MTB-Komponenten her: stabile Schaltungen mit großer Kapazität, Daumenschalter, Cantilever-Bremsen, schmutzbeständige Naben und Innenlager.

Von nun an lief die Massenproduktion auf Hochtouren an. Und das Repack-Rennen entwickelte sich zur Großveranstaltung mit 200 Teilnehmern. 1983 wurde es verboten, weil es nie eine offizielle Genehmigung gegeben hatte.

Dafür kamen überall im Land neue Mountainbike-Wettbewerbe auf. Im gleichen Jahr gründete sich im Haus von Kelly die »National Offroad Bicycle Association« (NORBA), die Wettbewerbsregeln aufstellte und regelmäßig Rennen veranstaltete.

Der Mountainbike-Boom und die Möglichkeit, Profit mit dem neuen Sport zu machen, veränderte das Leben in Marin County. Die Zusammenarbeit zwischen Ritchey, Fisher und Kelly endete 1984 in einem großen Krach – jeder der Pioniere ging seine eigenen Wege.

Kelly widmete sich ganz dem Schreiben. Ritchey setzte sich als einer der besten Custom-Made-Produzenten durch. Heute prangt sein Name auf dutzenden von Komponenten wie Reifen, Lenker und Vorbauten. Fisher suchte sich nach der Trennung von Ritchey neue Rahmenbauer und zog seine eigene Marke auf, die seit 1995 dem Trek-Konzern gehört. Breeze hat mittlerweile auf Trekking- und Stadtfahrräder umgesattelt.

Wo sonst? In dieser Hügellandschaft musste das Mountainbike einfach erfunden werden!

➲ Naturschutz

Ende der 1980er-Jahre stürmten papageienbunte Fun-Sportler mit driftenden Hinterrädern die Wälder – die ersten Mountainbiker. Sie traten nicht immer zurückhaltend auf und hinterließen einen Flurschaden für folgende Generationen. Jedenfalls sind schimpfende oder kopfschüttelnde Fußgänger noch heute Biker-Alltag. Das muss aber nicht sein.

Kurvendrifts in Rowdie-Manier. Wer sich so im Gelände bewegt, schadet dem Ruf aller Mountainbiker.

Auch wenn unser Sport mittlerweile olympisch ist, umweht ihn stets der Hauch der Illegalität: In sieben Bundesländern ist Radfahren im Wald nur auf festen Wegen erlaubt, die breiter als zwei Meter sind. Glücklicherweise verhalten sich die meisten Biker verantwortungsbewusst, sodass Förster und Behörden die Landesgesetze gutmütig auslegen. Nur in wenigen Konfliktgebieten geraten Biker und Förster aneinander. Hier versuchen die Waidmänner, die so genannte »Zwei-Meter-Regelung« rigoros durchzusetzen. Wenn dann Behörden eingeschaltet und Verbotsschilder aufgestellt werden, ziehen wir Biker meist den Kürzeren. Uns fehlt – im Gegensatz zu Autofahrern, Reitern und Wanderern – die Lobby.

Zwar hat sich die DIMB (Deutsche Initiative Mountainbike, www.dimb.de) bereits in dutzenden von Fällen für die Rechte der Biker stark gemacht. Doch eigentlich ist ihre Absicht nicht die Rettung in letzter Minute. Vielmehr hat sich die Organisation eine vernünftige, bundesweite Regelung zum Ziel gemacht. Ihr Motto: Gleiches Recht für alle. Nicht mehr, aber auch nicht weniger.

Gründe, das Büßerhemd des Umwelt-Rowdys zu tragen, gibt es eigentlich keine. Alle bislang erschienenen Arbeiten zum Thema »Biken und Umweltschutz« bestätigen, dass Mountainbiken auf vorhandenen Wegen weder ein Naturschutz- noch ein Umweltproblem darstellt. Was nicht darüber hinwegtäuschen soll, dass bei starker Nutzung, durch wen auch immer, Wegeschäden und Konflikte mit anderen Besuchern auftreten können.

Gerade Letzteres lässt sich mit Leichtigkeit vermeiden: Als Biker genügt es eben nicht, Fußgänger weiträumig und rücksichtsvoll zu überholen. Viele fühlen sich allein dadurch provoziert, dass plötzlich aus dem Nichts ein schnelles Etwas aufgetaucht ist – was verständlich ist. Auch ein freundlich artikuliertes »Vorsicht« ersetzt keine Klingel, an deren hellen Klang das Fußgängerohr gewöhnt ist. Wenn Sie noch die Luft dazu haben, grüßen Sie bitte. Das senkt die Hemmschwelle, und Sie haben die Chance, den von radikaleren Sportkollegen verursachten Schaden im Ansehen der Biker wiedergutzumachen.

Es ist eine Selbstverständlichkeit, auf den befestigten Wegen zu bleiben. Und mal ehrlich: Wen reizt es überhaupt, einen steinübersäten, steilen Hang querfeldein hinabzujagen, auf das sich der nächstbeste Stecken im Vorderrad verhakt? Der Vorwurf vom »Querfeldein-Schießen« ist so alt wie das Biken selbst – und völlig haltlos.

Weniger fiktiv sind dagegen leider blockierende Hinterräder. Die haben neben dem Provokations-Faktor auch einen handfesten umweltzerstörenden Aspekt. Fahrtechnisch ist dieses Manöver widersinnig. Vielmehr gibt sich der Pilot mit rubbelndem Hinterrad als Newbie zu erkennen. Nur wenn die Spezies Hinterrad-Wüstling ausstirbt, haben die DIMB-Mannen die Chance, Lokalpolitikern glaubhaft zu erläutern, was sie in wissenschaftlichen Studien herausgefunden haben. Armin Mann, Pressereferent, formuliert es so: »Mountainbiker verursachen wie alle Trail-Benutzer Schäden, aber laut wissenschaftlicher Untersuchung nicht mehr – eher sogar weniger – als Wanderer.«

Der Trail-Knigge für Mount

1. Fahre nur auf Wegen!

Fahre nie querfeldein, du schädigst sonst die Natur! Respektiere lokale Wegesperrungen! Forstwirtschaft, Viehtrieb und Belange des Naturschutzes rechtfertigen dies. Auch in Naherholungsgebieten können lokale Sperrungen berechtigt sein. Die Art und Weise, in der du fährst, bestimmt das Handeln der Behörden und Verwaltungen. Auf Privatgrund bist du oft nur geduldet!

2. Hinterlasse keine Spuren!

Bremse nicht mit blockierenden Rädern! (Ausnahme: in Notsituationen.) Blockierbremsungen begünstigen die Bodenerosion und verursachen Wegeschäden. Stelle deine Fahrweise auf den Untergrund und die Wegebeschaffenheit ein. Nicht jeder Weg verträgt jedes Bremsmanöver und jede Fahrweise.

Schmale Pfade sind die Sahnestücke für Biker. Doch hier gibt es auch den meisten Ärger mit Wanderern.

ker, erstellt von der DIMB

3. Halte dein Mountainbike unter Kontrolle!
Unachtsamkeit, auch nur für wenige Sekunden, kann einen Unfall verursachen. Passe deine Geschwindigkeit der jeweiligen Situation an. In nicht einsehbaren Passagen können jederzeit Fußgänger, Hindernisse oder andere Biker auftauchen. Du musst in Sichtweite anhalten können!
Zu deiner eigenen Sicherheit und der anderer Menschen.

4. Respektiere andere Naturnutzer!
Kündige deine Vorbeifahrt frühzeitig an. Erschrecke keine anderen Wegenutzer! Vermindere dein Tempo beim Passieren auf Schrittgeschwindigkeit oder halte an. Bedenke, dass andere Wegenutzer dich zu spät wahrnehmen können. Fahre, wenn möglich, nur in kleinen Gruppen!

5. Nimm Rücksicht auf Tiere!
Alle Tiere in Wald und Flur bedürfen besonderer Rücksichtnahme! Schließe Weidezäune, nachdem du sie passiert hast. Verlasse rechtzeitig zur Dämmerung den Wald, um die Tiere bei ihrer Nahrungsaufnahme nicht zu stören.

6. Plane im Voraus!
Beginne deine Tour möglichst direkt vor deiner Haustür. Prüfe deine Ausrüstung, schätze deine Fähigkeiten richtig ein, und wähle die Gegend, in der du fahren willst, entsprechend aus. Schlechtes Wetter oder eine Panne können deine Tour deutlich verlängern. Sei auch für unvorhersehbare Situationen gerüstet: Denke an Werkzeug, Proviant und Erste-Hilfe-Set. Trage eine Sicherheitsausrüstung! Ein Helm kann schützen, ist aber keine Lebensversicherung.

SLAYER70

➲ Lexikon

Was ist der Unterschied zwischen Wheelie und Manual? Oder zwischen Dual Control und Dual Compound? Hier finden Sie durch das Dickicht aus Fachvokabular.

Im Laufe der Jahrzehnte hat sich viel Datenmüll in der Welt der Mountainbikes angehäuft. Schließlich verlangt jede Erfindung nach einem speziellen Begriff, damit sie besser zu vermarkten ist. Die Marketingabteilung können es in punkto Kreativität durchaus mit der Autoindustrie aufnehmen. Viele ihrer Worthülsen erwiesen sich als Eintagsfliegen, andere Begriffe jedoch bleiben für immer und nerven den deutschsprachigen Mountainbike-Freund ständig. Hinzu kommen eine Menge englischer und deutscher Fachausdrücke aus dem Rahmenbau, die nicht immer selbsterklärend sind. Hier die Stolperfallen der Bikersprache.

Technik

5th Element
Der erste Dämpfer, der 2002 mit dem neuen Plattform-System arbeitete. Urahn der SPV-Systeme, die die Federung gegen Wippen schützen.

Ausfallende
Teil des Rahmens, der das Hinterrad aufnimmt.

Bärentatze
Zackig profiliertes Pedal für guten Halt der Schuhsohle.

Brakebooster
Metallbügel, der bei Felgenbremsen das Auseinanderbiegen der Bremssockel verhindert. Ein mechanischer Bremskraftverstärker.

Bowdenzüge
Drahtseile, mit denen Schaltung und Bremsen angelenkt werden.

Cleat
Metallplatte, die ein Klickpedal mit einem entsprechenden Schuh verbindet.

Dämpfer
Federbein, das das Hinterrad ansteuert.

Dämpfung
Konterpart der Federung. Zuständig für kontrolliertes Zurückfedern.

Doppelbrückengabel
Federgabel, die sich ober- und unterhalb des Steuerrohrs am Rahmen abstützt. Vom Motorrad übernommene Bauweise.

Double Butted
Zweimalige Veränderung der Rohrwandstärke.

Drahtreifen
Reifen, dessen Wulst einen Drahtkern enthält. Standard-Ausführung.

Drehpunkt
Hauptlager einer Federungsschwinge im Rahmen.

Druckpunkt
Fühlbarer Berührungspunkt der Bremsbeläge mit Scheibe oder Felge.

Druckstufe
Der für das Einfedern zuständige Teil der Dämpfung. Eine starke Druckstufe erschwert das Einfedern, indem sie das Losbrechmoment erhöht.

Dual Compound
Einsatz zweier verschiedener Gummimischungen beim Aufbau eines Reifens.

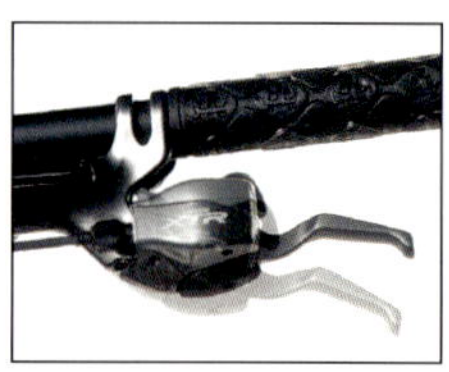

Dual Control
Schaltsystem, von Shimano 2002 eingeführt. Schaltvorgänge werden mit dem Bremshebel eingeleitet.

Durchschlag
Ursache für einen Plattfuß. Trifft der Reifen auf eine harte Kante, wird er so stark zusammengestaucht, dass die Felge den Schlauch zerschneidet.

Fahrwerk
Gesamtheit aus Federgabel, Rahmen mit Federschwinge und Dämpfer.

Faltreifen
Reifen, der faltbar ist, weil sein Wulst keinen Stahlring, sondern flexibles Kevlarband enthält. Leichter als Drahtreifen.

Federgabel
Aufnahme für das Vorderrad, die ein Federungs- und Dämpfungssystem enthält. Dadurch wird das Vorderrad in seiner Vertikalbewegung kontrolliert.

Federung
Konterpart der Dämpfung. Zuständig für die Reaktion von Vorder- oder Hinterrad auf Stöße.

Federweg
Distanz (in der Regel zwischen 8 und 20 cm), die ein Federbein einfedern kann.

Freilauf
Vorrichtung, die die Kraftübertragung der Kette auf das Hinterrad nur in Fahrtrichtung erlaubt. Beim Rückwärtstreten ist die Verbindung frei.

Fully
Vollgefedertes Mountainbike.

Hardtail
Mountainbike mit starrem, ungefedertem Rahmen.

Hinterbau
Das hintere, kleinere Rahmendreieck, in dem das Hinterrad steckt. Bei vollgefederten Rädern über den Dämpfer schwebend mit dem Hauptrahmen verbunden.

Horst-Link
Drehpunkt an einem Viergelenks-Hinterbau, benannt nach seinem Erfinder Horst Leitner. Das Horst-Link liegt zwischen Tretlager und Ausfallende und entkoppelt die Federung vom Antrieb.

Hysterese
Physikalische Kurve, die die Bremskraft einer Bremse im Verhältnis zur Handkraft am Bremshebel darstellt.

Innenlager
Lagerpatrone mit Stahl- oder Aluachse, auf der sich die Tretkurbeln drehen.

Karkasse
Das »Skelett« eines Reifens. Die Karkasse ist eine Gewebematte, auf die der Gummi aufgetragen wird.

Kennlinie
Physikalische Kurve, die den Federweg eines Federbeins im Verhältnis zur Kraft der Schläge darstellt.

Kettenbätter
Zahnräder an der Tretkurbel. Bei Mountainbikes ein bis drei Stück. ▶

Kinematik
Die Konstruktion eines gefederten Hinterbaus.

Konifizierung
Veränderung der Materialstärke eines Rahmenrohrs. An weniger belasteten Stellen sind die Rohre dünner, an den Enden dicker.

Lockout
Dämpfungseinstellung, die das Blockieren der Federung bewirkt. Verhindert das Wippen des Fahrwerks beim Hochfahren.

Losbrechmoment
Kraft, die benötigt wird, um die Anfangsreibung eines Federbeins zu überwinden.

Monocoque
Bauteil aus einem Guss, ohne Schweiß- oder Klebenähte. Vor allem im Karbon-Rahmenbau realisiert.

Negativfederweg
Der Federweg, um den ein Fahrwerk beim Aufsitzen des Fahrers eintaucht.

Rapidfire
Schalthebelsystem, das von Shimano 1989 eingeführt wurde. Der Daumen schaltet hoch, der Zeigefinger hinab.

Ritzel
Zahnräder am Hinterrad. Meist acht oder neun an der Zahl.

Sattelstütze
Rohr, das den Sattel mit dem Rahmen verbindet. Meist aus Aluminium, aber auch aus Karbon.

Schaltauge
Teil des Hinterbaus, an dem das Schaltwerk befestigt ist. Meist an den Rahmen angeschraubt. Das erleichtert die Reparatur im Falle eines Sturzes.

Schaltwerk
Hinterer Teil der Schaltung, der die Kette über die Ritzel wandern lässt.

Schnellspanner
Schnell lösbares Befestigungsteil, dass die Laufräder in Rahmen und Gabel fixiert. ▶

Snakebite
Englischer Ausdruck für einen Reifendurchschlag. Die zwei Löcher, die die Felge auf dem durchstoßenen Schlauch hinterlässt, ähnelt einem Schlangenbiss.

SPD
Kürzel für »Shimano Pedaling Dynamic«, das Klickpedalsystem von Shimano.

SPV
Patent des amerikanischen Federungsherstellers Answer Manitou. Kürzel für „stable platform valve". Das System vermindert das Wippen der Federung beim Treten.

Steuerkopf
Vorderer Teil des Rahmens, in dem sich die Gabel dreht. In den Steuerkopf werden die Lager des Steuersatzes eingeschlagen.

Steuersatz (Foto: Steuers)
Kugellager, auf dem sich die Gabel drehen kann. In den Steuerkopf eingeschlagen. ▶

Transalp
Gängiger Begriff für Alpenüberquerung per Mountainbike. Auch Synonym für die Bike Transalp Challenge, das jährliche Rennen über die Alpen.

Tretlager
Gesamtheit aus den Tretkurbeln und dem im Rahmen montierten Innenlager.

Tripple Butted
Dreimalige Veränderung der Rohrwandstärke.

Umwerfer
Vorderer Teil der Schaltung, der die Kette über die Kettenblätter wandern lässt.

Upside-Down-Gabel
Seltener Federgabeltyp, bei dem Stand- und Tauchrohre vertauscht sind.

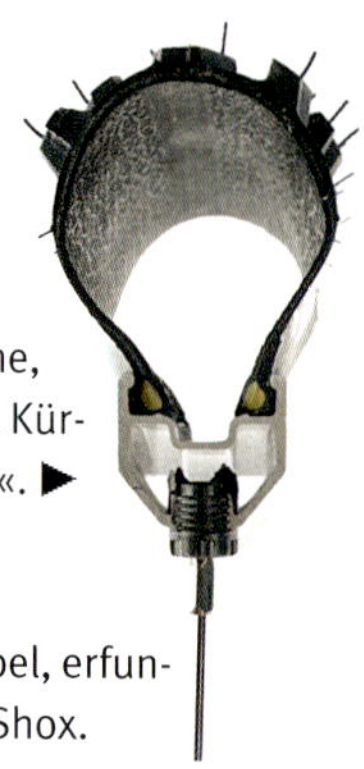

UST
Standard für Schlauchreifen-Systeme, initiiert vom Felgenhersteller Mavic. Kürzel für »Universal Système tubeless«. ▶

U-Turn
System zum Absenken der Federgabel, erfunden von Federgabelhersteller Rock Shox.

Vorbau
Verbindungsteil zwischen Lenker und Gabel.

Zahnkranz
Gleichbedeutend mit Ritzel.

Zoll
Längenmaß aus dem englischen Sprachraum, das 2,54 Zentimetern entspricht.

Gelände

Anlieger
Kurve mit erhöhtem Kurvenrand für höhere Geschwindigkeit. Auch Steilkurven sind Anlieger.

Bikepark
Areal mit speziell für Mountainbiker präparierten Strecken. Meist mit Lift.

Bikercross
Mit künstlichen Hindernissen (Tables, Doubles, Anlieger) präparierte Piste. Meist auf ebenem, sandigem Untergrund. Geeignet für Rennen mit mehreren (bis zu vier) Fahrern.

Double
Sprungkombination, bestehend aus Absprung- und Landehügel. Zwischen den Hügeln liegt ein Graben.

Doubletrack
Breiterer Weg mit zwei parallelen Fahrspuren, z.B. Feldweg.

Downhill
Präparierte und meist abgesicherte Strecke, auf der Downhillrennen ausgetragen werden. Die Streckenführung ist meist auf hohe Geschwindigkeiten ausgelegt.

Drop
Natürlicher oder präparierter Sprung von einer Kante.

Fourcross
Gleichbedeutend mit Bikercross. Fourcross meint aber auch die Renndisziplin, die auf einem Bikercross ausgetragen wird.

Funpark
Areal, meist in einem Bikepark, das mit verschiedensten künstlichen Hindernissen gespickt ist.

Freecross
Rennen, dass auf einer Bikercross-ähnlichen Strecke ausgetragen wird. Ein Freecross ist meist jedoch länger und lässt mehr als vier Starter zu.

Northshore
Waldareal im Norden der kanadischen Metropole Vancouver. Die Trails in diesem Regenwald sind mit Holzhindernissen gespickt. Mittlerweile ist »Northshore« zum Synonym für künstlich gebaute Holzhindernisse geworden.

Singletrail
Englischer Ausdruck für einspurige, schmale Wege, also z.B. Trampelpfade. Auch: Singletrack.

Table
Sprunghügel (dt.: »Tisch«) mit Absprung- und Landeteil. Die Landung ist auch auf dem Mittelstück möglich. Weniger riskant als ein Double.

Trail
Englischer Ausdruck für Wege, speziell solche, die für Biker reizvoll sind.

Wallride
Leicht abgeschrägte Holzwand, die sich mit entsprechender Geschwindigkeit befahren lässt.

Fahrmanöver

Bunny-Hop
Sprung, mit dem man kleinere Hindernisse überfliegt, indem man zuerst das Vorderrad, dann das Hinterrad lupft.

Cross-Country
Die klassische Disziplin des Mountainbiken: Rennfahren auf einem schnellen, möglichst steilen Rundkurs. Die Dauer der Rennen variiert zwischen einer und zweieinhalb Stunden bei Worldcup-Rennen.

Downhill
Abfahrtsrennen auf präparierten Pisten. Weltweit als Worldcup, national als Bundesliga ausgetragen.

Enduro
Bergab-orientiertes Tourenfahren.

Freeride
Bergaborientiertes Fahren mit Schutzausrüstung, jedoch nicht auf Wettkampfstrecken wie beim Downhill. Entweder im freien Gelände oder im Bikepark.

Manual
Fahren im Stehen auf dem Hinterrad. Das Gleichgewicht wird allein durch die Hinterradbremse (»manuell«) gehalten.

Marathon
Langstrecken-Rennen von etwa 60 bis weit über 120 Kilometern Länge.

Nose-Wheelie
Lupfen des Hinterrads, sodass man kurzzeitig allein auf dem Vorderrad rollt.

Trial
Spezialdisziplin im Radsport. Befahren von künstlichen oder natürlichen Hindernissen mit geringer Geschwindigkeit.

Transalp
Hüttentour, bei der der Alpenhauptkamm überquert wird. Entweder selbst organisiert oder mit einem Veranstalter. Auch als Rennen »Transalp-Challenge« ausgetragen.

Wallride
Fahren in einer natürlichen oder präparierten Steilwand.

Wheelie
Fahren auf dem Hinterrad im Sitzen.

1 Oberrohr
2 Sitzrohr
3 Vorbau
4 Lenker
5 Steuerrohr
6 Steuersatz
7 Ausfall-ende
8 Federgabel
9 Unterrohr
10 Pedal
11 Tretkurbel
12 Kettenstrebe
13 Laufräder
14 Umwerfer
15 Schaltwerk
16 Schaltauge
17 Ausfall-ende
18 Hinterbau
19 Sitzstrebe
20 Sattelstütze
SPECIALIZED
S-WORKS

Die Autoren

Florian Haymann absolvierte sein Volontariat von 2000 bis 2002 beim Bike-Magazin. Seit 2003 arbeitet er als freier Mitarbeiter für das Test&Technik-Ressort und auch für andere Zeitschriften. Auf dem Bike macht ihm alles Spaß: Er fährt sowohl Marathon- als auch Downhillrennen. Und ohne die jährliche Alpenüberquerung fühlt er sich unausgeglichen. Als Fahrtechnik-Trainer bei mountain bike-academy.de kennt er die Sorgen und Nöte von Mountainbike-Einsteigern aus der Praxis. Und die Lösungen dazu.

Ulrich Stanciu Der gelernte Journalist gründete 1989 das Bike-Magazin, die größte Fahrradzeitschrift Europas, und ist bis heute ihr Herausgeber. Stanciu ist Biker der ersten Stunde und engagierter Tourenfahrer. 1990 war er Pionier der Transalp-Idee. Er ist Verfasser des Standardwerkes »Traumtouren Transalp« und hatte 1998 die Idee zur Bike Transalp Challenge, dem härtesten Mountainbikerennen der Welt, dessen Rennleiter er bis heute ist. Seine begeisternde Schreibe, seine Top-Fotos und professionelle Aufbereitung der Themen haben durch die Artikel im Bike-Magazin zehntausende dazu motiviert, selbst aufs Bike zu steigen.

Florian Haymann dankt:
Der gesamten Bike-Redaktion für die gute Zusammenarbeit in den letzten Jahren, speziell Georg Grieshaber für die Hilfe bei der Fotoauswahl und Esther Breitbach für ihre Geduld.

Bibliografische Information Der Deutschen Bibliothek
Die Deutsche Bibliothek verzeichnet diese Publikation in der Deutschen Nationalbibliografie; detaillierte bibliografische Daten sind im Internet über »http://dnb.ddb.de« abrufbar.

1. Auflage
ISBN 3-7688-1652-4

Dieses Buch ist unter dem Titel
»Alles übers Mountain Bike«
(ISBN 3-7688-0678-2), Autor Ulrich Stanciu,
in sieben Auflagen ebenfalls im
Delius Klasing Verlag erschienen.

Das Kapitel über die Bike-Historie schrieb Uwe Geißler.
Fotos: Daniel Simon sowie: Dirk Belling (S. 8, 23, 24), Frank Bodenmüller (S. 65), Robert Bösch (Titel), Dirk Deckbar (S. 81), Dirk Belling (S. 8, 23, 24), Heinz Endler (S. 32, 124), Malcolm Fearon (S. 84), Martin Fengel (S. 38), Uwe Geißler (S. 106–110), Florian Haymann (S. 27, 79, 103, 104, 115), Jens Heilmann (S. 36, 66), Norbert Hein (S. 92), Eva Kaschewski (S. 102), Ronny Kiaulehn (S. 10, 14, 26, 29, 33, 35, 54, 60, 68, 71, 73, 74, 80, 82, 91), Sterling Lorence (S. 4, 25, 63, 83, 117, 125), Christophe Margot (S. 6), Stephan Repke (S. 67, 75–78); Ulrich Stanciu (S. 12, 16, 98), Wolfgang Watzke (S. 57, 58)
Umschlaggestaltung: Ekkehard Schonart
Illustrationen/Grafiken und Layout: Vera Waldmann
Reproduktionen: scanlitho.teams, Bielefeld
Druck: Kunst- und Werbedruck, Bad Oeynhausen
Printed in Germany 2005

Delius Klasing Verlag, Siekerwall 21, D-33602 Bielefeld
Tel.: 0521/559-0, Fax: 0521/559-115
E-Mail: info@delius-klasing.de
www.delius-klasing.de

Technik, Tuning, Tricks...

Chris Sidwells
Bike-Reparaturhandbuch
ISBN 3-7688-1599-4

Christoph Listmann
Mountainbike-Marathon
Training – Taktik – Material – Ernährung – Durchführung – Profitipps
ISBN 3-7688-1423-8

Stefan Herrmann
Besser Biken... (DVD)
ISBN 3-7688-8531-3

Gunnar Fehlau
1000 Tipps für Biker
Komponentenauswahl/Wartung/Troubleshooting
ISBN 3-89595-156-0

Susanna & Herman Mills
Mountainbiking
Ratgeber zu Ausrüstung und Technik
ISBN 3-7688-1329-0

Rob van der Plas
Mountainbike-Wartung
Pflege und Instandhaltung
ISBN 3-7688-5206-7

Holger Meyer / Thomas Rögner
Bike Fahrtechnik
Basics – Kurventechnik – Singletrack – Bunny Hop – Wheelie – Downhill
ISBN 3-7688-1370-3

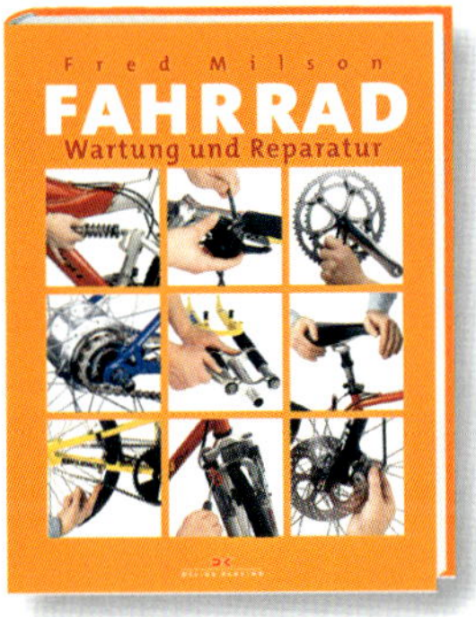

Fred Milson
Fahrrad-Wartung und -Reparatur
ISBN 3-7688-5205-9

Thomas Rögner
Der ultimative Bike-Workshop
Alle Reparaturen, Kaufberatung...
ISBN 3-7688-1115-8

Erhältlich im Buch- und Fachhandel oder unter www.delius-klasing.de/shop

DELIUS KLASING

Traumtouren...

Ulrich Stanciu
Traumtouren Transalp
Die schönsten Alpenüberquerungen mit dem Mountainbike.
Mit interaktiver CD-ROM

ISBN 3-7688-1270-7

Ulrich Stanciu
Bike-Traumtouren
Dachstein-Tauern
Mit interaktiver CD-ROM

ISBN 3-7688-1372-X

Flückiger/Schranz/Stanciu
Bike-Traumtouren
Dolomiten Süd
Mit interaktiver CD-ROM

ISBN 3-7688-1371-1

Ulrich Stanciu
Bike-Traumtouren
Großglockner
Mit interaktiver CD-ROM

ISBN 3-7688-1453-X

Elmar Moser
Bike Guide 11/ Gardasee 1
50 Touren – Region Gardasee Nord und Ost

ISBN 3-7688-1002-X

Carmen Fischer/ Helmut Walter
Mountainbiken auf Sizilien
20 ausgewählte Touren, mit Roadbooks

ISBN 3-7688-5221-0

Michael Leibl
Mountainbiken auf den Kanarischen Inseln
Teneriffa – La Gomera – La Palma
Mit herausnehmbaren Roadbooks

ISBN 3-89595-175-7

Dino Corda/ Susanne Kiefer
Mountainbiken auf Sardinien
22 ausgewählte Touren, mit Roadbooks

ISBN 3-7688-5204-0

Elmar Moser
Bike Guide 2
50 Touren Karwendel – Wetterstein – Werdenfels

ISBN 3-7688-0731-2

Erhältlich im Buch- und Fachhandel oder unter www.delius-klasing.de/shop

DELIUS KLASING